하루의
품격을
더하는

만년필
한 줄 필사

하루의 품격을 더하는
만년필 한 줄 필사

펴낸날 **초판 1쇄** 2025년 10월 30일

지은이 임예진

펴낸이 강진수
편 집 김은숙, 우정인
디자인 Stellalala_d

인 쇄 (주)사피엔스컬쳐

펴낸곳 (주)북스고 **출판등록** 제2024-000055호 2024년 7월 17일
주 소 서울시 서대문구 서소문로 27, 2층 214호
전 화 (02) 6403-0042 **팩 스** (02) 6499-1053

ⓒ 임예진 2025

- 이 책은 저작권법에 따라 보호를 받는 저작물이므로 무단 전재와 무단 복제를 금지하며, 이 책 내용의 전부 또는 일부를 이용하려면 반드시 저작권자와 (주)북스고의 서면 동의를 받아야 합니다.
- 책값은 뒤표지에 있습니다. 잘못된 책은 바꾸어 드립니다.

ISBN 979-11-6760-113-1 03190

책 출간을 원하시는 분은 이메일 booksgo@naver.com로 간단한 개요와 취지, 연락처 등을 보내주세요.
Booksgo는 건강하고 행복한 삶을 위한 가치 있는 콘텐츠를 만듭니다.

하루의
품격을
더하는

만년필
한 줄 필사

임예진 지음

Booksgo

Prologue

만년필로 시작하는
특별한 필사 여행

디지털 시대를 살아가는 우리에게 손글씨는 점점 낯선 것이 되어가고 있습니다. 키보드와 터치스크린에 익숙해진 손가락은 종종 펜을 쥐는 것을 어색해하고, 종이 위에 글자를 새기는 행위가 마치 오래된 의식처럼 느껴지기도 합니다. 하지만 그렇기에 지금 만년필 필사를 시작하는 것이 더욱 특별한 의미를 지닙니다.

만년필은 단순한 필기구가 아닙니다. 시간과 정성이 빚어낸 예술품이자 글쓴이와 종이 사이, 마음과 마음 사이를 연결하는 다리입니다. 만년필 촉이 종이 위를 스칠 때 나는 소리, 잉크가 종이에 스며들며 만들어내는 독특한 질감, 그리고 글자 하나하나가 완성되는 과정에서 느껴지는 고요한 만족감. 이 모든 것이 디지털 세상에서는 경험할 수 없는 아날로그만의 매력입니다.

필사는 단순히 글을 베끼는 행위를 넘어서는 깊이 있는 학습법이자 명상법입니다. 좋은 글을 한 글자씩 정성스럽게 따라 쓰다 보면 그 글 속에 담긴 의미와 작가의 호흡을 자연스럽게 체득하게 됩니다. 또한 문장의 어휘와 구조, 단락의 흐름과 전체적인 구성까지 함께 익힐 수 있습니다.

빠르게 흘러가는 현대 사회 속에 서둘러 정보를 습득하고, 성급하게 결론을 내리는 우리에게 필사는 '느림의 미학'을 선물합니다. 만년필을 들고 번거롭지만 한 글자씩 천천히 써 내려가는 시간은 우리를 멈춰 세우고 잊은 것이 없는지, 배울 것은 없는지 되돌아보게 합니다.

이 책에는 시대를 초월해서 사랑받는 명언 글귀들을 적어 보았습니다. 위로와 응원, 사랑과 지혜가 담긴 각각의 명언은 그 자체로 필사하기에 충분한 가치를 지니고 있습니다. 만년필로 101가지 명언을 따라 쓰면서, 여러분은 단순히 글씨 연습만 하는 것이 아니라 나 자신과 깊은 대화를 나누는 시간을 가지게 될 것입니다.

필사의 여정에는 정답이 없습니다. 빨리 쓸 필요도, 완벽하게 쓸 필요도 없습니다. 다만 한 글자 한 글자에 마음을 담아 정성스럽게 써 내려가면 됩니다. 때로는 실수하거나 손이 아파 잠시 쉬어 가기도 하겠지만, 그 모든 과정이 바로 필사가 주는 선물입니다.

그럼 이제 각자 원하는 만년필을 준비하시고, 편안한 자세로 앉아 여러분만의 특별한 필사 여행을 시작해 보세요.

임예진

Contents

Prologue 만년필로 시작하는 특별한 필사 여행 / 004

PART 1 / 009
나만의 시간, 필사

필사란 무엇인가요? / 010
필사를 시작해야 하는 이유 | 필사의 효과

필사, 어떻게 하나요? / 014
전체 필사와 부분 필사 | 아침 필사와 저녁 필사 | 글씨체 고르기

필사, 어떤 도구로 시작하나요? / 021
연필 | 볼펜 | 붓펜 | 만년필

만년필 상식 알고 가요 / 025
만년필 부위별 명칭 및 용어 | 만년필 보관하는 법
만년필 필사의 문제와 해결책

이런 아이템 어때요? / 030
이런 만년필 어때요? | 이런 잉크 어때요? | 이런 노트 어때요?

디지털 필사, 시도해 봐요 / 040

PART 2 / 043
밝고 활기찬 하루를 위한 필사

 PART 3 / 085
단단하고 반듯한 하루를 위한 필사

 PART 4 / 137
따뜻하고 눈부신 하루를 위한 필사

 PART 5 / 201
고요히 깊어지는 하루를 위한 필사

Epilogue 필사를 끝낸 당신에게 / 253

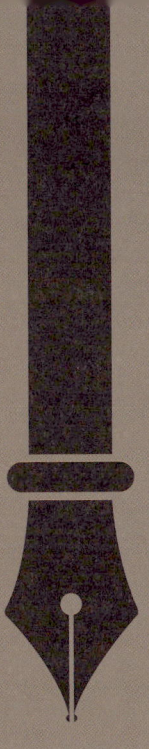

나만의 시간, 필사

PART 1

필사란 무엇인가요?

　필사는 '다른 사람이 쓴 글을 베껴 쓰는 행위'입니다. 단순한 베끼기가 아니라 의미를 손과 눈, 호흡으로 재경험하는 공부이자 기록법이에요. 읽기만 할 때보다 문장 구조나 어휘를 세밀하게 느낄 수 있고, 내용에 대한 기억력과 집중력이 높아지며 문장력 향상에 도움이 됩니다. 마음을 차분하게 가라앉히는 루틴으로도 많이 활용됩니다.

　동아시아에서는 예로부터 명필을 반복해서 베끼며 필법을 익히고 수행의 하나로 불교 경전을 베껴 썼으며, 서양에서는 중세 수도사들이 경전이나 고전을 손으로 베껴서 지식을 유지했습니다.

필사를 시작해야 하는 이유

　필사를 하면 독서가 더욱 풍요로워집니다. 나에게 의미 있는 문장을 다시 한번 되새길 수 있고, 시끄럽던 생각이 잠잠해지며 삶에 대한 깨달음과 위안을 얻을 수 있습니다. 특히 먼저 살아간 사람들의 말과 글은 나의 고민을 커다란 우주 속 작은 점처럼 보이게 합니다.

　제가 대학생 때는 도서관에서 대출한 책들의 좋은 글귀를 남길 방법이 필사밖에 없었습니다. 책을 완독하고 난 뒤 북마커로 표시해 두었던 글귀들을 노트 한 권에 써서 보관했습니다. 많은 문장을 수집했던 책은 유난히 오래 기억되었고, 남길 문장이 없었던 책은 괜히 아쉬워서 여러 번 뒤적이다가 반납하곤 했습니다. 이제는 책을 구매해서 볼 수 있게 되었지만, 여전히 문장을 수집하며 책을 읽고 있어요.

　십 년을 넘게 함께하던 고양이와 헤어졌을 때는 펫로스 증후군에 대한 책을 따라 쓰면서 눈물로 마음을 치유했고, 아이가 태어나고 난 뒤에는 육아서를 읽고 써나갔습니다. 아날로그를 선호하지만, 종이 넘기는 소리에도 예민한 아이 옆에서 전자책을 읽어 나가며 메모장에 글귀를 저장했습니다. 그리고 혼자 있는 시간이 되면 저장해 둔 글귀를 종이에 옮겨 적곤 했습니다.

　지금도 손글씨 작가로서 매일 무수히 많은 문장들을 만납니다. 때론

동의하기 어렵거나 아무리 곱씹어도 실천하기 어려운 생각들도 있지만, 그러한 문장들이 모여 지금의 저를 만들었습니다. 긴 시간 글씨를 쓰는 철학을 만들 수 있었던 것도, 작은 유혹에도 이내 마음을 다잡을 수 있었던 것도 손글씨 필사 덕분이라고 믿고 있습니다.

내가 먹는 음식이 나를 이루듯 내가 읽고 듣고 쓰는 언어가 나를 만들어 갑니다. 오늘부터 시작하는 한 문장의 필사가 쌓이고 쌓여 단단한 나를 만들어 줄 것입니다. 내가 나에게 주는 가장 좋은 선물, 필사를 여러분에게 권합니다.

필사의 효과

이해와 기억의 강화

필사를 꾸준히 하는 것은 단순한 글씨 연습이나 기록이 아니라, 뇌와 마음 모두에 긍정적인 변화를 만들어 내는 깊이 있는 학습 과정입니다. 뇌과학적으로 볼 때, 글을 눈으로 읽고 손으로 쓰는 과정은 시각, 운동, 언어 중추가 동시에 활성화되는 다중감각 학습(Multi-sensory Learning)에 해당합니다. 시각으로 문장을 인식하고, 손의 움직임을 조율하며, 언어적 의미를 처리하여 복합적인 자극이 뇌에 전달됩니다. 따라서 그냥 글을 읽을 때보다 강력하게 기억에 각인됩니다. 실제로 손으로 적는 필기가 타자보다 기억 유지율이 높다는 교육심리학 연구 결과도 있습니다.

문장 감각 향상

필사하며 문장을 한 글자씩 옮기다 보면 문장의 길이, 구두점의 위치, 접속어의 흐름을 무의식적으로 분석하고 흡수하게 됩니다. 즉 언어 패턴을 내재화하는 데 도움을 주어 나중에 글을 쓸 때 자연스럽고 유려한 표현을 할 수 있는 기반이 됩니다. 특히 문학이나 고전, 명문을 필사할 경우 좋은 문장 구조와 어휘가 몸에 스며들어 도움이 된다고 말하는 작가들이 많습니다.

정서 안정

일정한 속도로 손을 움직이며 문장을 옮기는 동안 호흡은 자연스럽게 느려지고 깊어지며 긴장이 완화됩니다. 이 과정은 명상할 때와 유사한 뇌파 변화를 유도해 마음을 차분하게 가라앉히고 스트레스 호르몬 분비를 줄여 줍니다. 실제로 심리학에서도 손글씨 쓰기를 감정 조절과 스트레스 완화에 효과적인 활동으로 봅니다.

필사, 어떻게 하나요?

1	텍스트 고르기
2	도구 준비하기
3	자세 잡고 긴장 풀기
4	쓰고 되새기기

　필사를 시작하기 위해서는 먼저 목표에 맞는 텍스트를 골라야 합니다. 문장력을 위해서라면 에세이나 논설처럼 길이가 있는 문장이 좋고, 감성과 서정성을 위해서라면 시를 필사하는 것도 좋습니다. 단 내가 필사할 수 있는 분량과 시간을 정해서 규칙적으로 하는 것이 중요합니다.

글을 옮겨 적을 도구를 고르는 시간도 필사의 일부입니다. 만년필, 붓펜, 연필 등 나에게 맞는 필기구와 노트를 준비해 보세요. 잉크 색상이나 종이의 질감을 고르며 손끝의 감각을 상상하는 것만으로도 설레고 집중력이 높아집니다.

필사 도구가 준비되면 문장을 먼저 눈으로 한번 읽어 보세요. 그 다음 허리를 곧게 세우고 손과 어깨의 힘을 천천히 풀어 보세요. 심호흡을 하고 글자에만 마음을 두는 순간, 일상의 소음이 잦아들고 마음이 고요해집니다. 이처럼 작은 준비 동작이 필사를 하나의 명상처럼 만들어 줍니다.

자세를 잡은 후에는 문장을 쓰면서 그 의미를 느껴 보세요. 그리고 다 쓴 문장을 작품처럼 바라보며 메시지를 곱씹어 보세요. 그러면 마음속 울림이 깊어지고, 쓰기의 즐거움과 여운도 깊어질 것입니다. 단순히 따라 쓰는 것을 넘어 글귀에 대한 나만의 생각을 적어 보는 것도 좋습니다.

전체 필사와 부분 필사

독서에는 다양한 방법이 있지만, 독서량이 많지 않다면 대부분 한 번에 한 권의 책을 읽는 직렬 독서를 하게 됩니다. 평소 궁금한 게 많은 저는 한 권의 책을 읽어 나가기보다 다양한 책을 한꺼번에 읽는 병렬 독서를 합니다. AI 관련 책을 읽다가 붓다의 말을 뒤적거리기도 하고, 최근에 배우고 있는 수영과 관련된 에세이를 읽다가 하루를 마무리합니다. 이렇듯 중구난방으로 읽어 나갈 경우에는 읽은 지점까지 좋았던 부분을 노트에 적어 두는 부분 필사를 합니다.

반면 책 한 권을 끝까지 써내려 가는 전체 필사 혹은 통필사는 시간과 물리적인 힘이 모두 필요한 일입니다. 저의 첫 번째 통필사는 《뜻밖의 인문학 캘리그라피(이규복, 이서원, 2020)》라는 책이었습니다. 다분히 업무적인 욕심으로 시작했지만, 필사를 할수록 부분 필사와는 달리 매일매일 성취해 나가고 있다는 자신감이 쌓였습니다.

다만 평소에도 손목을 많이 사용하는 일을 하다 보니, 전체 필사를 한 뒤에는 팔목이 지독히 시큰거리기도 합니다. 몸과 마음을 모두 쏟아야 하기에 쉽게 추천하기는 어렵지만, 인생 책이 있다면 한 번쯤 전체 필사를 해 보는 것을 권합니다.

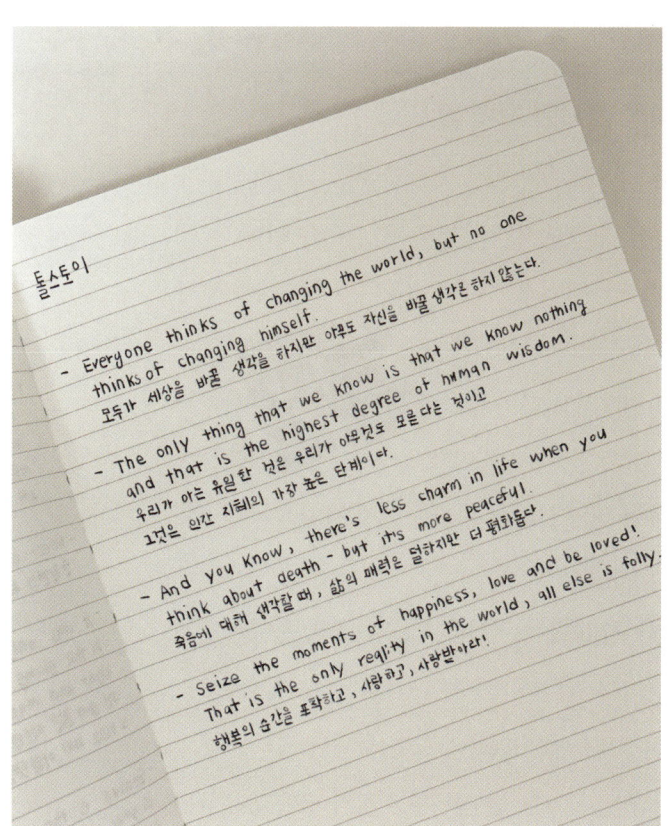

아침 필사와 저녁 필사

매일 새벽 수영으로 몸을 탄탄하게, 이후에는 필사로 마음을 단단하게 다지며 하루를 시작합니다. 하지만 운동의 강도가 높아질수록 필사가 숙제처럼 느껴지는 날들이 있었습니다.

지금은 수영장으로 향하는 시간보다 조금 더 일찍 일어나 딱 하나의 문장을 필사합니다. 간단한 스트레칭을 하고 오늘의 문장을 쓴 후 물속에서 명상을 하면, 수영하는 내내 문장이 머릿속을 동동 떠다니며 여운이 오래 지속됩니다.

저는 필사 경력보다 일기를 써온 이력이 긴 만큼 하루의 끝에는 일기를 주로 씁니다. 하지만 어쩐지 전혀 쓸 마음이 동하지 않는 날에는, 오늘 읽었던 문장들을 노트에 필사하며 일상의 고민에 대한 해답이나 내일을 살아가는 힘을 얻곤 합니다. 이처럼 하루의 시작과 끝에 함께하는 필사가 늘 활력 넘치고 긍정적인 마음의 근본이라고 믿고 있습니다.

글씨체 고르기

사람마다 필사의 목적은 다릅니다. 저는 도서관에서 대여한 책의 문장을 오래 기억하고 싶어서 스무 살부터 필사를 시작했습니다. 그래서 처음에는 중고등학교 때부터 쓰던 제 글씨체로 적었습니다.

시간이 흐르고 캘리그라피를 배우게 되었습니다. 작가의 꿈을 갖고 시작한 것은 아니었지만, 취미라 해도 내가 수집한 많은 문장을 아름다운 손글씨로 간직하는 것은 여러모로 이득이라는 생각이 들었습니다. 그래서 실력이 빨리 늘지 않아도 조급해하지 않았어요.

지금은 20년 넘게 쓰던 평범한 글씨체가 나오기도 하고, 다양한 글씨체를 익혀 샤프로도 독특한 글씨를 쓸 수 있게 되었어요. 그러나 기본적으로 또박또박한 글씨체를 써 나갑니다. 시간이 흐르고 난 뒤 나의 아이에게도 물려주고 싶거든요.

여러분의 필사 목적은 무엇인가요? 목표에 맞는 글씨체로 써 나가면 됩니다. 어떤 글씨체든 한 권의 책을 완성하고 나면 그 자체로 하나의 작품이 됩니다. 본인만 알아볼 수 있는 글씨체도 괜찮고, 천천히 교정하며 써 나가는 글씨체도 괜찮습니다.

우리는 필사를 통해 스스로를 회복하고, 필사의 이점을 모두 흡수할 수 있어야 합니다. 따라서 글씨체가 여러분의 필사 생활을 가로막지 않앉으면 좋겠어요. 글자를 쓰는 동안 문장 감각을 익히고 되새김질하다 보면 깊어진 사유가 어느새 여러분 안에 단단히 자리 잡을 거예요.

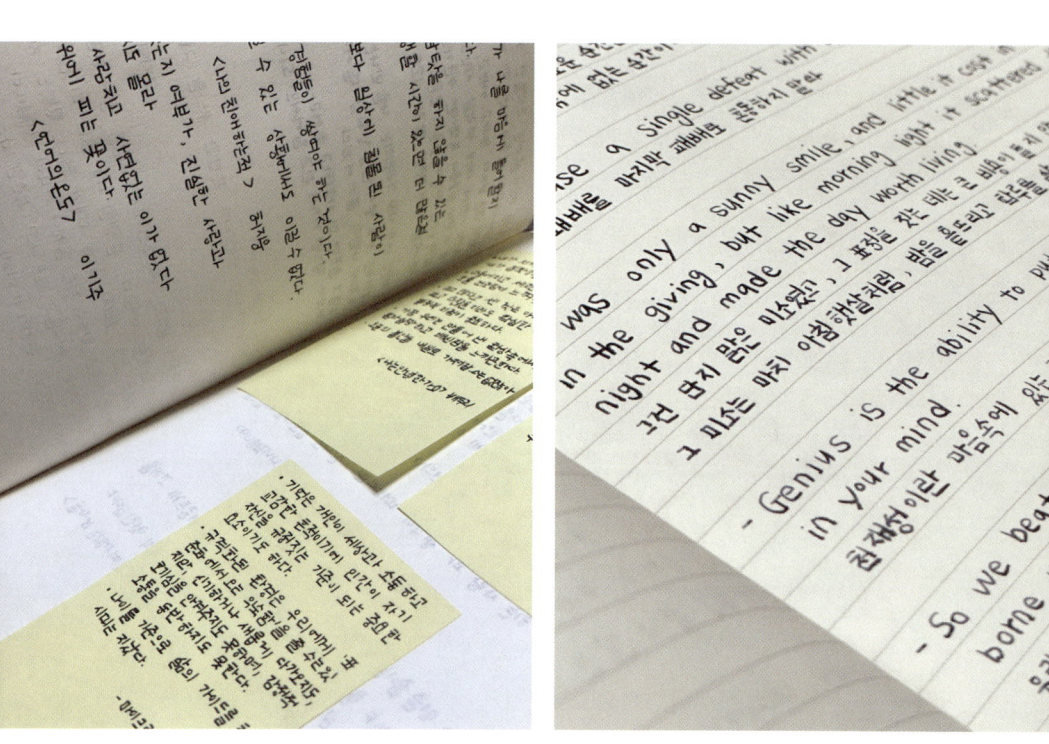

필사, 어떤 도구로 시작하나요?

연필

부드럽게 종이를 스치는 흑연의 감촉, 사각사각 울리는 소리는 마음을 현재에 단단히 붙잡아 둡니다. 필기하는 소리가 좋아 ASMR로도 많이 활용되는 연필은 가까운 문구점만 가도 구할 수 있어요. 펜도 흔하지만 굳이 연필을 선택하는 이유는, 틀려도 지울 수 있다는 여유와 글자에 힘을 주거나 빼며 마음의 결을 고스란히 담아낼 수 있는 자유 때문입니다.

또 연필의 농도와 각도에 따라 조금씩 달라지는 글씨의 온도는 그날의 기분과 생각을 드러냅니다. 시간이 흐른 뒤 번지고 희미해진 글씨를 다시 마주할 때면, 그 순간의 나와 대화를 나누는 기분이 들어서 묘해집니다. 만년필로 시작하는 것이 부담스럽다면 가볍게 연필로 시작해 보는 것은 어떨까요?

볼펜

볼펜은 사용하기에 편리하고 특유의 또렷함이 있어서 좋아합니다. 특히 볼펜으로는 내 생각과 감정이 고정되고 지울 수 없다는 긴장감 때문에 쓸 때 더 많이 집중하게 됩니다. 시간이 흘러 노트를 펼쳐 보면, 볼펜으로 쓴 글씨는 손끝의 떨림까지 선명하게 기억하고 있습니다.

연필이 사색이라면 볼펜은 약속과 같습니다. 한 번 한 약속은 되돌릴 수 없듯, 볼펜으로 하는 필사는 그 자체로 나와 현재를 있는 그대로 받아들이는 연습이자 조금 더 단단하고 선명한 마음의 기록입니다.

붓펜

필압과 각도에 따라 선 굵기를 자유롭게 바꿀 수 있는 붓펜은, 글씨의 생동감과 개성을 유용하게 살릴 수 있어 캘리그라피나 큰 글씨를 쓸 때 특히 추천합니다.

다만 힘 조절을 잘못하면 글씨가 번지거나 원하지 않는 두께로 그려지므로, 초보자는 균형 있게 글씨를 쓸 수 있을 때까지 연습이 필요합니다. 또한 붓펜의 모가 갈라지거나 닳을 수 있으므로 글씨를 쓰고 난 후에는 별도의 관리가 꼭 필요합니다.

만년필

만년필로 하는 필사는 글을 쓰는 행위에 한층 더 깊이를 부여합니다. 빠르게 적어 내려가기보다 문장을 곱씹으며 옮겨 적다 보면, 잉크가 종이에 스며들듯 그 의미가 천천히 마음속에 스며듭니다. 또한 종이를 스치는 부드럽고 때로 사각사각한 촉감은 남들과 다른 나만의 호흡으로

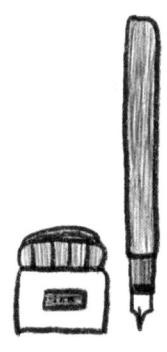

작품을 만들어 나간다는 느낌을 줍니다.

종류도 다양해서 취향에 따라 만년필과 잉크 색상을 고르는 즐거움을 느낄 수 있으며, 나의 필기 습관에 따라 조금씩 변화하는 펜촉은 함께한 시간의 흔적을 고스란히 드러냅니다. 만년필은 철저한 관리가 필수다 보니 번거로울 수 있지만, 손길이 많이 닿는 만큼 애착이 생기고 그렇게 완성한 노트는 단순한 기록을 넘어 개인적인 성취가 됩니다.

만년필 상식 알고 가요

만년필 부위별 명칭 및 용어

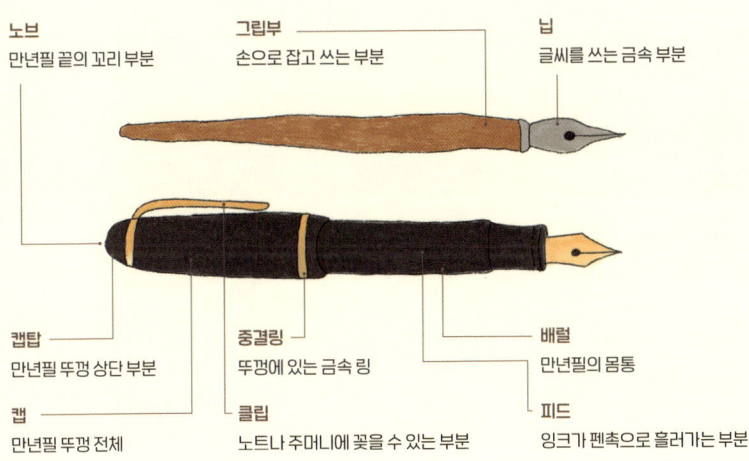

노브 만년필 끝의 꼬리 부분

그립부 손으로 잡고 쓰는 부분

닙 글씨를 쓰는 금속 부분

캡탑 만년필 뚜껑 상단 부분

캡 만년필 뚜껑 전체

중결링 뚜껑에 있는 금속 링

클립 노트나 주머니에 꽂을 수 있는 부분

배럴 만년필의 몸통

피드 잉크가 펜촉으로 흘러가는 부분

딥펜

만년필 중 잉크를 주입하지 않고 잉크를 묻혀서 사용하는 펜을 말합니다.

잉크 주입 방식

만년필은 펜 내부에서 피드를 타고 흘러내린 잉크로 필기하는 기구로, 피스톤 필러는 만년필 내부에 잉크통이 들어 있어 이를 채워 쓰는 방식입니다. 또는 일회용 잉크 용기인 카트리지를 갈아 끼우거나, 빈 용기인 컨버터에 내가 원하는 잉크를 주입해서 사용하는 방식이 있습니다.

닙의 굵기

두께 순으로 EF촉, F촉, M촉, B촉(Extra Fine / Fine / Medium / Broad)이 있으며, 같은 촉이라도 브랜드마다 두께는 다릅니다. 이 외에도 캘리촉이나 스텁닙 등 특수 닙들도 다양하게 있어요.

세필과 태필

세필은 얇은 글씨, 태필은 굵은 글씨를 말합니다.

만년필 보관하는 법

1	잉크 제거
2	물 세척
3	자연 건조
4	케이스 보관

만년필 사용 후에는 우선 카트리지나 컨버터를 분리해 잉크를 모두 빼 줍니다. 그리고 미지근한 물로 촉과 피드를 투명한 물이 나올 때까지 충분히 헹궈 주세요. 그 후 서늘하고 통풍이 잘되는 곳에서 1~2일 충분히 건조해 주고, 다 마르면 먼지와 습기, 빛을 차단할 수 있는 펜케이스나 파우치에 넣어서 보관해 줍니다.

만년필 필사의 문제와 해결책

글씨가 거미줄처럼 번져요

만년필로 글씨를 쓸 때 잉크가 종이 섬유를 따라 가늘게 번지는 현상을 '거미줄 현상'이라고 해요. 이렇게 적힌 글씨는 또렷하지 않고 읽기가 어렵습니다. 다만 표면이 매끄럽고 잉크 흡수성이 낮은 종이에 쓰면 대부분 해결할 수 있어요. 또한 거미줄 현상 특유의 감성과 잉크 번짐을 즐기는 사람도 있어 꼭 나쁘다고 할 수만은 없습니다.

종이 뒷면 비침이 심해요

만년필로 글씨를 쓸 때 물처럼 묽은 잉크나 얇은 종이를 사용하면 뒷면에 비침이 생길 수 있어요. 만년필 전용지를 활용하거나 두께감이 있는 종이를 써 주세요. 잉크 건조가 빠르면서 점도가 높은 플래티넘 블랙이나 펠리칸 4001 같은 잉크를 사용하는 것도 좋습니다.

세척했는데 계속 잉크가 나와요

만년필을 세척했는데도 잉크가 계속 나온다면, 펜 내부에 남아 있는 미세한 잉크 찌꺼기나 피드 사이의 잔여물이 원인일 가능성이 커요. 기본 세척을 반복하는 것도 중요하고, 펜 전용 세정액을 사용해서 잉크 잔여물을 효과적으로 제거할 수도 있습니다.

일주일 있다가 썼더니 안 나와요

만년필을 한동안 쓰지 않으면 잉크가 닙이나 피드에서 말라 나오지 않는 경우가 있습니다. 특히 얇은 펜촉일수록 피드가 좁아 더 쉽게 마릅니다. 이때는 만년필을 미지근한 물에 10~30분 정도 담가 잉크가 풀어지게 둔 후 물로 세척해 주세요.

    만년필은 최소 일주일에 한두 번은 글자를 써야 잉크 흐름이 유지되며, 고온이나 강한 직사광선에 장시간 보관은 자제해 주세요. 또한 일주일 이상 사용하지 않는 경우에는 깨끗하게 세척해서 보관해 주세요.

이런 아이템 어때요?

이런 만년필 어때요?

   만년필은 손에 쥐었을 때 편안하고, 내 글씨 크기와 필기 습관에 맞으며, 관리가 크게 부담스럽지 않다는 세 가지 조건이 모두 충족되어야 가장 좋습니다. 또한 만 원 이하부터 백만 원을 넘는 금액까지 가격이 천차만별이기 때문에, 처음에는 입문용 만년필부터 사서 써 보고 그 뒤에 나에게 맞는 디자인과 잉크 방식, 펜촉 등을 고르면 실패 없는 만년필 생활을 할 수 있을 거예요.

얇은 펜을 좋아한다면 플래티넘 만년필

　일본은 지금까지도 만년필을 많이 사용하는 만큼 일상에서 사용하기 위한 얇고 가는 만년필이 많습니다. 특히 만 원 이하 부담 없는 금액대의 플래티넘 프레피 EF촉은 세필을 선호하는 사람들 누구나 좋아하는 만년필입니다. 플라스틱 바디에 우리가 사용하는 볼펜과 크게 다르지 않은 디자인이지만 만년필의 필기감을 느껴볼 수 있어서 입문용으로 추천합니다. 플래티넘의 대표 라인은 센츄리입니다.

누구나 좋아하는 선물용 만년필 라미 사파리

　독일 만년필인 라미는 대중적인 모델인 사파리를 많이들 사용합니다. 색상이 다양해서 고르는 재미가 있고, 매년 새로운 색상이 출시되니 수집하는 재미도 있는 만년필입니다. 만년필 색과 잘 어울리는 클립 등 질리지 않고 세련된 디자인으로 입학 선물이나 졸업 선물로도 인기가 많아요.

작고 귀여운 휴대용 만년필 카웨코 스포츠

　독일 카웨코의 만년필은 스포츠 라인이 대중화되어 있어요. 길이가 짧고 주머니에 쏙 들어가는 크기의 만년필입니다. 실버, 골드, 블랙 등의 클립을 별도로 구매해서 뚜껑에 끼울 수 있고, 선택할 수 있는 색상이 많아 역시 모으는 재미가 있습니다. 단 휴대하기 편리해서 여기저기 넣어

다니다가 분실할 수 있으니 주의해 주세요.

뚜껑을 열고 닫는 게 귀찮다면 파이롯트 캡리스

뚜껑 없이 쓸 수 있도록 설계된 독특한 만년필도 있어요. 일반 만년필은 사용 전후로 캡을 돌리거나 뽑아야 하지만, 파이롯트 캡리스는 볼펜처럼 클릭 노크 방식으로 빠르게 필기해야 하는 메모나 회의, 수업에 쓰기 좋은 만년필입니다.

마르지 않는 잉크를 원한다면 트위스비 에코

대만 만년필인 트위스비 에코는 만년필 몸체에 잉크를 넣을 수 있어서 한 번에 잉크를 많이 충전할 수 있습니다. 또한 뚜껑을 돌려서 여닫는 방식으로 밀폐력이 좋아, 몇 달을 방치해도 잉크가 줄어들지 않고 처음처럼 사용 가능하다는 장점이 있습니다. 몸통이 투명한 데몬 만년필이라 넣어 둔 잉크의 색상이나 잔량도 확인할 수 있고 여러모로 덜 번거로워서 많이 사용하고 있습니다.

이런 잉크 어때요?

만년필 잉크를 선택할 때는 나의 글쓰기 스타일과 만년필의 특성, 원하는 분위기를 고려하면 좋습니다. 기본 색상인 블랙, 블루, 블루블랙만 구비할 것인지, 다양한 색상을 수집할 것인지 혹은 펄이나 그라데이션을 활용할 것인지 한번 생각해 보세요.

잉크는 브랜드마다 점도나 흐름이 다르고 건조 속도 또한 차이가 있습니다. 또한 용량도 다양하게 나오고 있고, 소분해서 판매하는 잉크도 있으니 테스트해 본 후 자주 쓰는 색을 대용량으로 구매하는 것을 추천합니다.

오로라 블랙

모든 브랜드에서 검은색 잉크가 나오지만, 특히 오로라 블랙 잉크는 농도가 짙고 균일하게 번지는 특성이 있어서 깔끔하고 선명한 결과물을 만들어 줍니다. 만약 기본 검은색 잉크를 딱 한 가지 추천하라고 한다면, 고전적이면서 완벽에 가까운 색상의 오로라 블랙 잉크를 추천합니다.

플래티넘 카본 블랙

만년필로 적은 소중한 기록을 오래 간직하고 싶다면 물에도 지워지지 않는 카본 잉크를 추천합니다. 카본 잉크는 탄소 입자, 즉 카본 블랙 안료를 사용하는 잉크입니다. 일반적인 잉크는 염료를 기반으로 색을 내지만, 카본 잉크는 고체 연료로 종이 섬유에 달라붙어 건조되기 때문에 물에 닿아도 번지거나 지워지지 않고 직사광선에 노출돼도 색이 바래지 않아요. 또한 일반 잉크와 달리 더 깊고 진한 검은색을 표현할 수 있습니다.

다만 안료 입자를 포함하고 있는 만큼 관리가 소홀하면 잉크의 흐름을 막을 수 있어요. 따라서 정기적으로 세척 및 관리해 줘야 잔여물이 남지 않습니다. 그럼에도 진하고 매트한 매력이 있어 마니아층이 많은 잉크입니다.

파이롯트 이로시주쿠

일본 파이롯트사의 대표 잉크 이로시주쿠는 '색(色, Iro)'과 '방울(滴, Shizuku)'을 합친 말이에요. 일본의 사계절과 자연에서 영감을 받은 다채로운 색상과 선명하면서도 부드러운 잉크 흐름으로 유명합니다. 잉크를 수집하지 않는 저도 어쩐지 이로시주쿠 잉크는 여러 개 갖고 있습니다.

디아민 펄 잉크

디아민 펄 잉크는 영국의 전통 잉크 브랜드 디아민에서 선보인 반짝

플래티넘 카본 블랙

DIY 잉크 <새내의 숲>

파이롯트 이로시주쿠

디아민 펄 잉크

오로라 블랙

PART 1 • 나만의 시간, 필사

이는 '쉬머링(Shimmering)' 잉크 라인으로, 글씨 속에 금색 혹은 은색의 미세한 펄 입자가 반짝이며 독특한 매력을 풍깁니다. 빛의 각도에 따라 글씨가 은은하게 빛나는 것이 특징이에요.

펄 잉크는 사용할 때 펄이 가라앉기도 하고 잉크가 잘 막히거나 세척하기 번거로워서 좋아하지는 않지만, 기분 전환용으로 가끔 써 줍니다. 또한 만년필보다 딥펜을 더 자주 쓰게 되는 것도 역시 세척이 어렵기 때문이랍니다. 하지만 이왕 기분 전환용으로 고른 잉크이니, 사용하면서 일상의 기록에 작은 화려함을 더해 보세요.

나만의 DIY 잉크

우리나라의 대표 펜 브랜드 모나미에서는 만년필과 잉크 종류가 다양하게 나오고 있습니다. 특히 잉크랩에서는 내가 원하는 색상의 잉크를 만들어 볼 수 있어요. 이름도 지을 수 있어서, 저는 제가 만든 녹색 톤의 잉크에 〈새내의 숲〉이라는 이름을 지어 소중하게 사용하고 있습니다.

잉크를 모두 사용한 후에는 만들었던 지점에 연락해서 재구매도 가능합니다. 세상에 하나뿐인 나만의 색이 있다는 것은 의미 있기에, 만년필 생활을 시작했다면 한 번쯤 잉크 만들기에 도전해 보는 것도 추천합니다.

저는 일상 속에서 육아와 해야 하는 일들로 지쳐 나를 잃어버린 것

같은 시기에 색으로 나를 표현하며 찾아갈 수 있었어요. 잉크 한 병을 모두 비우기가 쉽지는 않지만 〈새내의 숲〉 잉크만은 빠르게 사라지고 있답니다.

이런 노트 어때요?

만년필 잉크는 종이마다 번짐 정도가 다르므로, 이는 만년필 사용에 있어 진입장벽으로 작용합니다. 최근에는 비교적 많은 문구 브랜드에서 만년필에도 번지지 않는 노트를 제작해서 선택의 폭이 있지만, 초기만 해도 로이텀, 미도리 같은 브랜드만 한정적으로 사용이 가능했습니다. 번지지 않고 넘김이 부드러우며, 뒷면 비침이 적고 오래 쓰기 편한 노트에는 어떤 것이 있을까요?

고쿠요 바인더

고쿠요는 일본의 유명 문구 브랜드로 많은 사랑을 받고 있습니다. 특히 루스리프 전용 바인더는 종이를 쉽게 추가하거나 뺄 수 있고, 하나의 바인더를 계속해서 재활용할 수 있는 장점이 있습니다. 가벼워서 휴대도 편리하며 B5, A5, 미니 사이즈 등 크기가 다양해서 필기 스타일에 맞

취 구매가 가능합니다.

또한 고쿠요는 종이 품질도 좋아서 필기감이 부드럽고 잉크 번짐이 적습니다. 일반 줄지와 도트선, 그리드와 무지, 체크리스트 등 다양한 디자인의 속지를 고를 수 있다는 점도 매력적입니다.

미도리 MD노트

일본 미도리사의 MD노트는 군더더기 없는 디자인으로 속지에 따라 무지, 방안지, 줄지 세 종류가 있습니다. 종이가 미색이라 눈이 편안하고, S사이즈(A6), M사이즈, L사이즈에 추가로 나온 A7 사이즈까지 필요에 따라 구매가 가능해서 좋아요.

저는 매일 아침에 일어나자마자 의식의 흐름에 따라 3쪽 정도 글을 쓰는 '모닝페이지' 루틴을 꾸준히 하고 있어요. 무의식 속의 소음들을 비워 내고 백지상태로 하루를 시작하는 것을 좋아하는데, 개인적으로 모닝페이지와 가장 잘 어울리는 노트가 MD노트라고 생각해 꾸준히 사용하고 있습니다.

호보니치 테쵸와 트래블러스노트에서도 만년필에 강한 노트가 나오고 있지만, 개인적으로는 흰색의 깔끔한 MD노트를 더 좋아합니다.

로디아 메모패드

프랑스 브랜드인 로디아의 메모패드는 종이를 깔끔하게 뜯어낼 수 있는 상단 접착식 패드 형태로, 잉크 퍼짐과 뒷비침이 거의 없는 매끄럽고 단단한 종이가 특징입니다. 특히 필사를 하다 보면 마음에 들지 않는 부분이나 오탈자가 생길 수 있는데, 그럴 때 빠르게 뜯어내고 새로 쓸 수 있어서 좋아요.

밀크지와 토모에리버

노트가 부담스럽다면 괜찮은 A4 용지를 써도 좋아요. 밀크지는 이름처럼 부드럽고 고운 질감의 종이로 뒷비침과 번짐이 적고 촉감이 좋습니다. 토모에리버 또한 얇지만 밀도가 높아 뒷비침이 거의 없고 잉크 표현력이 좋아서 만년필 유저들이 좋아하는 종이입니다. 필기감도 부드러운데 펜과 색채를 잘 보여 주는 종이라 추천합니다.

디지털 필사, 시도해 봐요

디지털 필사는 종이와 펜을 사용하는 대신 태블릿, 스마트폰, PC에 글을 옮겨 적는 방식으로, 기록과 보관에 있어 효율적이고 편리한 것이 가장 큰 장점입니다. 태블릿 하나로 수백 장의 노트를 대체할 수 있고, 클라우드에 자동 백업되기 때문에 언제 어디서나 안전하게 열람할 수 있습니다. 또한 원하는 문장을 색깔로 표시하거나 키워드 검색을 통해 쉽게 찾아볼 수 있고, 사전 검색이나 음성 메모 등 부가 기능을 활용할 수 있어 학습이나 내용 정리에도 효율적입니다. 잘못 쓴 글씨도 간단히 되돌릴 수 있으며 글씨 크기와 색상, 레이아웃을 조절해 보기 좋은 기록을 남길 수도 있습니다.

무엇보다 종이와 펜, 잉크를 준비하지 않아도 되니 공간이 절약되며

경제적이라는 점이 매력적입니다. 디지털 필사는 종이와 펜이 없어서 못 한다는 핑계 없이 꾸준히 필사를 실천할 수 있는 환경을 만들어 주어 손글씨 연습과 문장 감각 향상에 큰 도움이 됩니다.

저는 아이패드와 애플 펜슬을 가장 많이 사용하지만, 라미에서 나온 라미 사파리 노트 플러스나 갤럭시탭 등 다양한 도구들도 사용 가능하니 나에게 맞는 도구를 찾아서 시작해 보세요.

밝고 활기찬
하루를 위한 필사

PART 2

자신의 꿈을 향해
자신 있게 나아가라.
당신이 상상한 삶을 살아라.

헨리 데이비드 소로

▌파버카스텔 그립 2010 EF촉   ▌오로라 블랙   ▌로디아 메모패드 무지

여러분이 상상한 삶을 현실 속에서 꽃피울 날이 곧 올 거예요. 필사로 마음을 가다듬으며 한 걸음씩 꿈을 향해 나아가세요.

이 세상에서 가장 중요한 것은
내가 어디에 서 있느냐가 아니라,
어느 방향으로 가고 있느냐이다.

요한 볼프강 괴테

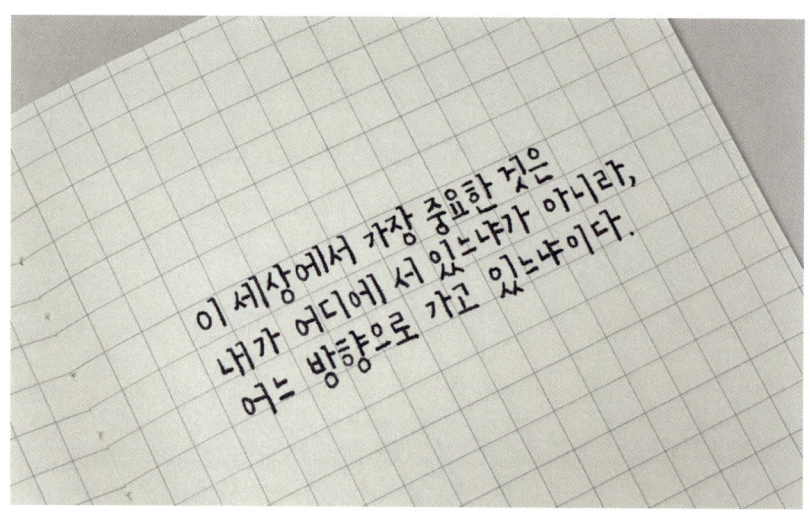

▌카웨코 스포츠 클래식 EF촉   ▌블랙 카트리지   ▌무인양품 패스포트 노트 모눈

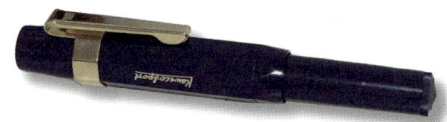

귀여운 만년필에 작은 노트는 여행 갈 때 챙겨 가는 필수품입니다. 여행 가서 하는 기록들도 소중하니까요.

두 갈래 길이 숲속으로 나 있었다.
그래서 나는 사람이 덜 밟은 길을 택했고,
그것이 내 운명을 바꾸어 놓았다.

로버트 프로스트 <가지 않은 길>

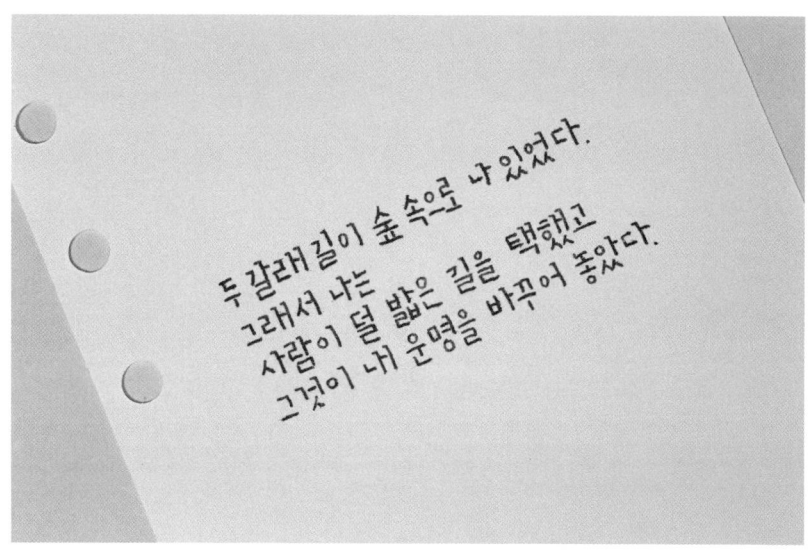

▌홍디안 920s EEF촉   ▌칼라버스 레드우드 포레스트   ▌NOTO 아레나러프 내추럴 120g

삶은 늘 선택의 연속입니다. 지금 두 갈래의 길 앞에 있다면, 여러분은 어떤 길이 더 끌리나요?

인생은 항해와 같다.
어떤 바람이라도 이용하여
어떤 방향으로든 나아갈 수 있다.

\# 로버트 브롤트

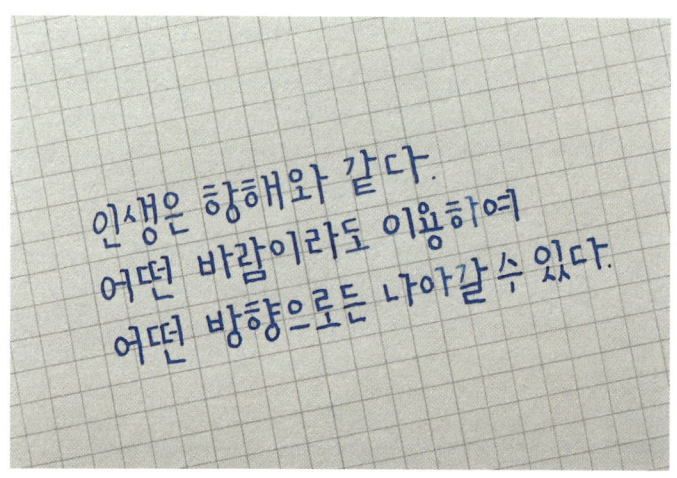

| 미도리 MD딥펜 | 펜브스 맥상파란 | 글입다 레저버 그리드

한동안 그린 잉크를 많이 사용하다 동해에서 살기 시작하며 블루 잉크의 매력에 빠졌습니다. 푸른 바다를 바라보고 있으면 언제나 원하는 방향으로 나아갈 수 있을 것만 같은 느낌이 들어요. 마음이 답답할 때는 푸른 잉크를 한번 꺼내 보세요.

우리의 모든 꿈은 이루어질 수 있다.
우리가 그것을 밀고 나갈 용기만 있다면.

월트 디즈니

❙ 카키모리 프로스트 Moss M촉   ❙ 글입다 데미안 로스트   ❙ 무인양품 미니 노트 도트

가독성이 떨어지는 묽은 잉크를 사용할 때면, 쓰는 순간에는 후회하지만 쓰고 난 뒤에는 오묘한 매력에 계속 들여다보게 됩니다. 이 차분한 하늘색 잉크처럼요. 여러분은 어떤 색상의 잉크에 매력을 느끼나요?

경험을 현명하게 사용한다면
어떤 일도 시간 낭비는 아니다.
중요한 건 늘 무언가를
소망하고 감동하며 사랑하며 사는 것이다.

\# 오귀스트 로댕

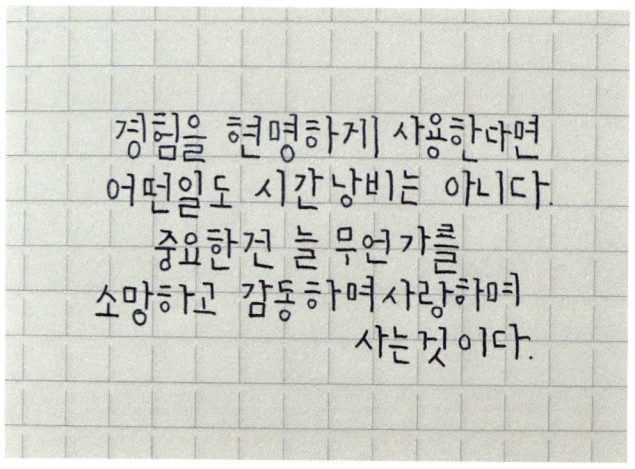

▌홍디안 920s EEF촉   ▌3오이스터스 딜리셔스 네이비 블루   ▌미도리 MD노트 모눈

경험을 통해 무엇을 배우고, 어떤 마음으로 다시 나아갈지 생각해 보세요. 어떤 경험도 헛되지 않을 거예요.

새로운 목표를 세우고
또 다른 꿈을 꾸기에
너무 늦은 나이란 없다.

\# C. S. 루이스

┃ 파이롯트 라이티브 EF촉   ┃ 제이허빈 루이에 딩크르   ┃ 펜트하우스 바가스 펄프 노트패드

친환경 종이가 다양하게 나오는 요즘입니다. 지구를 위해 만든 100% 사탕수수 노트 위에 필사해 보는 건 어떤가요?

실패한 일을 후회하는 것보다
해보지도 못하고 후회하는 것이
훨씬 더 바보스럽다.

<탈무드>

실패한 일을 후회하는 것보다
해보지도 못하고 후회하는 것이
훨씬 더 바보스럽다.

| 모나미 153 네오 EF촉　　| 모나미 청록빛 공작깃　　| NOTO 매쉬멜로우 105g

넘어지면 다시 일어나면 되지만, 시작조차 하지 않으면 가능성은 영원히 사라집니다. 무엇이든 용기 내어 도전해 보세요.

가치 있는 목표를 향해
움직이는 순간
당신의 성공은 시작된다.

\# 찰스 칼슨

| 세일러 프로피트 시키오리 달밤의 수면 F촉　　| IWI 입동　　| 로디아 메모패드 도트

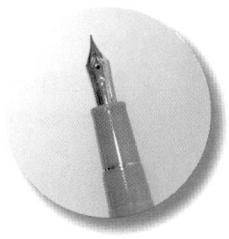

작은 계획을 세우고 한 발짝씩 나아가는 과정에서 당신은 성장하고 있어요. 성공은 도착지가 아니라 매일의 성실한 발걸음 속에 숨어 있음을 기억하세요.

당신은 운명의 건축가이고,
당신 운명의 주인이며, 당신 인생의 운전자이다.
당신이 할 수 있는 것, 가질 수 있는 것,
될 수 있는 것에 한계란 없다.

브라이언 트레이시

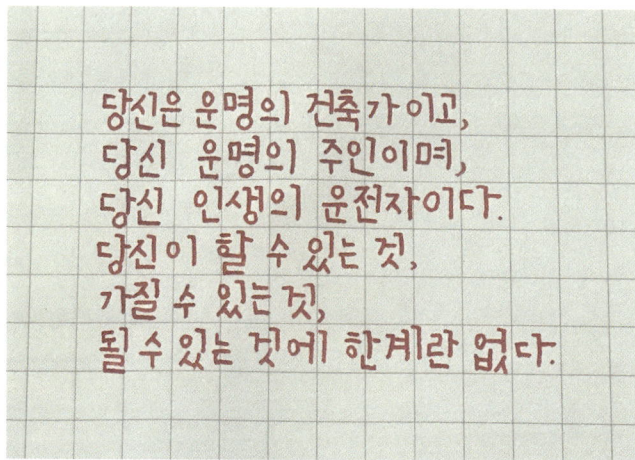

| 라미 아이온 EF촉　　| 몽블랑 모데나 레드　　| 펜코 노트 모눈

세상의 틀이나 한계로 나를 제한하지 마세요. 여러분이 믿고 도전하는 만큼 가능성은 언제든지 확장될 수 있어요.

인생이 끝나길 두려워하지 말라.
당신의 인생이 시작조차
하지 않을 수 있음을 두려워하라.

\# 그레이스 한센

| 파이롯트 카쿠노 마도로미 EF촉 | 파이롯트 패러렐펜 터콰이즈 카트리지 | 포인트오브뷰 애플 저널

작은 용기로 첫발을 떼는 순간, 비로소 원하는 인생이 열립니다. 끝을 걱정하지 말고 오늘의 시작을 붙잡으세요.

길이 있는 곳으로
가지 말고,
길이 없는 곳에
당신만의 길을 남겨라.

\# 랄프 왈도 에머슨

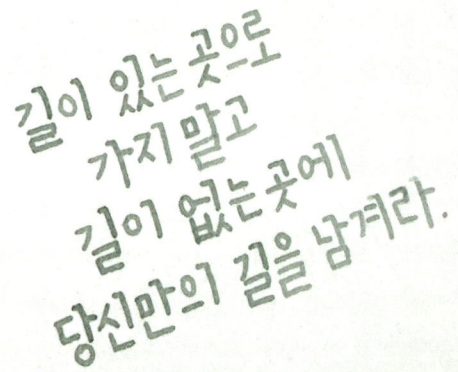

▌파카 벡터 XL　　▌나가사와 고베 고려청자　　▌무인양품 노트 무지

고베 잉크 창립자 타케우치가 국립중앙박물관과 서울 곳곳을 탐방하고 영감을 얻어 탄생한 한국의 색, 고려청자 잉크. 오늘의 필사 색으로 추천합니다.

인생에서 가장 슬픈 세 가지.
할 수 있었는데,
해야 했는데,
해야만 했는데.

루이스 분

> 인생에서 가장 슬픈 세가지
> 할수 있었는데,
> 해야 했는데,
> 해야만 했는데.

▎카키모리 황동펜촉　▎펜브스 남호명월　▎펜트하우스 바가스 펄프 노트패드

지나간 시간은 돌아오지 않는다는 사실이 새삼 무겁게 다가옵니다. 여러분은 지금 떠오르는 아쉬운 과거가 있나요?

삶은 새로운 것을 받아들일 때만 발전한다.
삶은 신선해야 한다.
결코 아는 자가 되지 말고
언제까지나 배우는 자가 되어라.

\# 오쇼 라즈니쉬

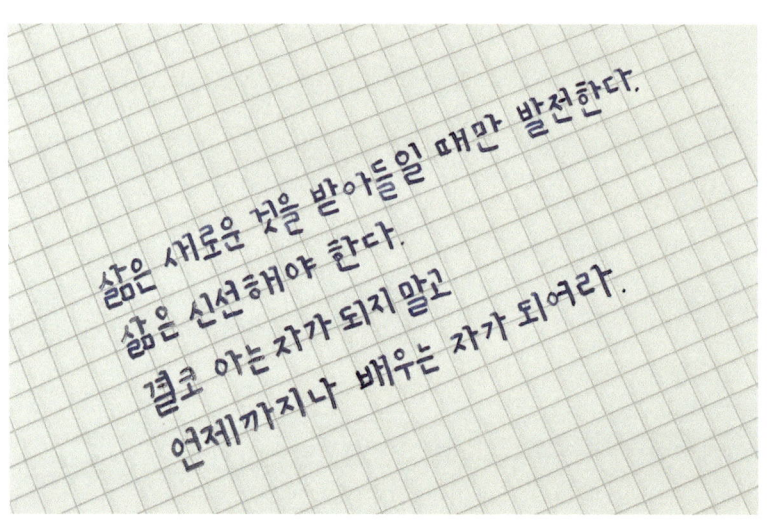

| 무민 만년필 | 모나미 달빛 머금은 강가 | 다이소 바인더링 수첩

사은품으로 나온 무민 만년필 때문에 오랜만에 종이 잡지를 구매했어요. 우연히 만난 만년필에 잡지 또한 신선한 자극이 되었네요. 여러분은 오늘 새롭게 받아들인 것이 있나요?

유리한 기회가 없었다고 하지 마라.
기회는 그쪽에서 찾아오는 것이 아니라
이쪽에서 발견해야 한다.
모든 기회는 그것을 볼 줄 알고
휘어잡을 줄 아는 사람이
나타나기 전까지는 잠자코 있다.

\# 로렌스 굴드

│ 세일러 프로피트 캐주얼 EF촉   │ 디아민 러스틱 브라운   │ 양지사 PD수첩

양지사 PD수첩은 다양한 치수에 부담 없는 가격으로 일상 속 아이디어, 일정, 감정이나 생각을 기록하고 싶은 분들에게 추천합니다. 주변에서 쉽게 구할 수 있는 노트로도 얼마든지 만년필 필사가 가능해요.

미래를 예측하는
최선의 방법은
그것을 창조하는 것이다.

\# 피터 드러커

| 홍디안 920s EEF촉　　| 글입다 헤르만 헤세 수레바퀴 아래서　　| 스탠다드 리갈패드 미니 화이트

> 우리는 단순히 기다리는 사람이 아니라, 미래를 스스로 설계하고 만들어 가는 주체가 되어야 합니다. 원하는 것이 있다면 나의 손끝으로 직접 창조해 보세요.

패기 있는 사람은 반드시 목표를 달성한다.
그 무엇도 그를 막을 수 없다.
패기가 없는 사람은 세상 어떤 것에서도
도움을 받지 못한다.

토머스 제퍼슨

| 진하오 82 F촉 | 펠리칸 4001 터콰이즈 | 인생상점 불렛저널

패기는 단순한 용기가 아니라 스스로를 믿는 강한 확신과 도전의 마음가짐입니다. 필사를 통해 넘어져도 다시 일어서는 힘, 어려움 앞에서도 물러서지 않는 태도를 키워 봐요.

인간으로 누리는 가장 큰 복은
세계의 어떤 생명체보다
많은 경험을 누릴 수 있다는 것이다.

앤드류 매튜스

▍오로라 입실론 사계절 F촉　　▍펠리칸 다크 그린　　▍다이소 일본제 5mm 모눈

우리는 삶을 통해 배우고 느끼고 성장할 수 있는 특별한 존재예요. 기쁨과 슬픔, 성공과 실패 모두 소중한 자산이니 오늘도 다양한 경험에 도전해 보세요.

기회는 새와 같은 것,
날아가기 전에 꼭 잡아라.

\# 새뮤얼 스마일즈

> 기회는 새와 같은 것,
> 날아가기 전에 꼭 잡아라.

▎라미 아이온 EF촉　　▎라미 크리스털 페리도트　　▎라미만년필X양지저널 라인드

망설이다 보면 후회만 남게 됩니다. 완벽히 준비하는 것도 중요하지만, 손에 쥘 수 있을 때 과감히 행동해서 기회의 날개를 잡아 보세요.

사랑하는 일을 하면
성공은 저절로 따라온다.

\# 마야 안젤루

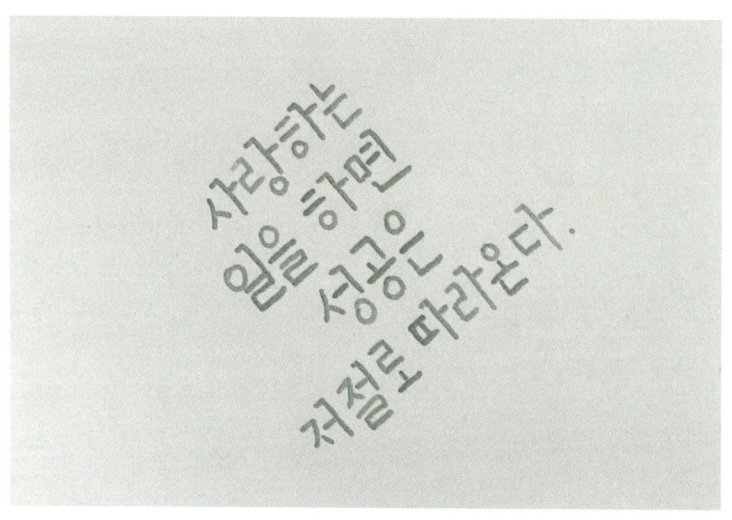

▌파카 벡터 XL   ▌나가사와 고베 고려청자   ▌무인양품 노트 무지

사랑하는 일을 하는 사람의 눈에서는 빛이 납니다. 열정을 갖고 노력하는데 성공하지 않을 수 없겠죠?

단단하고 반듯한
하루를 위한 필사

PART 3

기회가 없음을 두려워하지 말고,
준비되어 있지 않음을 두려워하라.

\# 랄프 왈도 에머슨

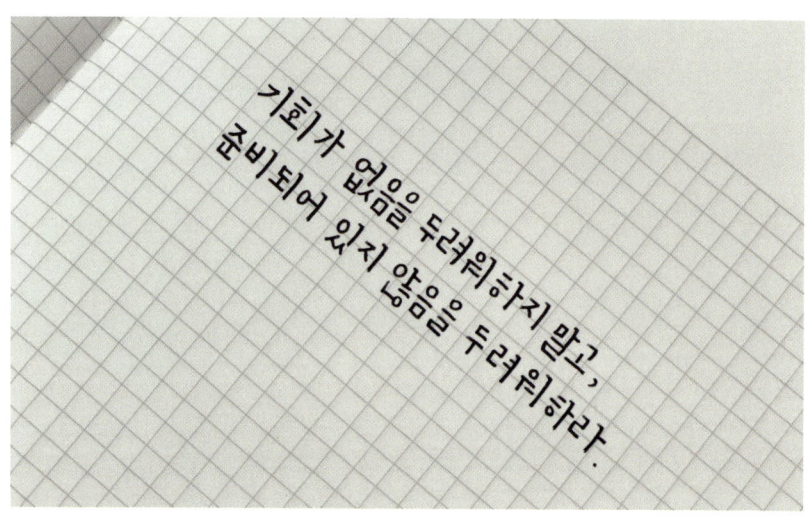

▌파카 아이엠 모노크롬 F촉   ▌파카 큉크 블랙 카트리지   ▌리바인더 돌종이 노트

돌로 만든 종이라니 거칠 것 같은 느낌이 들지만, 무척 부드럽고 젖지 않는 종이예요. 한 번쯤 독특한 질감에 필사해 보면서 새로운 기회를 만들어 봐요.

한 번에 바다를
만들려고 해서는 안 된다.
우선 작은 강부터
만들어야 한다.

\# 유대 속담

한번에
바다를
만들려고 ♡
해서는
안 된다.
우선 작은 강부터
만들어야 한다.

▌ 홍디안 1851 EF촉   ▌ 파이롯트 이로시주쿠 송로   ▌ 글입다 임프레션 블랭크

이제 막 필사를 시작해서 언제 노트를 가득 채울지 막막한가요? 한 권 가득 채워야 한다는 부담은 버리고 한 장씩 명언을 채워 보세요. 어느새 두 권, 세 권 노트가 쌓여갈 거예요.

PART 3 • 단단하고 반듯한 하루를 위한 필사

어떤 문제도
반드시 자신의 힘으로
해결할 수 있다는
신념을 지녀라.

로버트 슐러

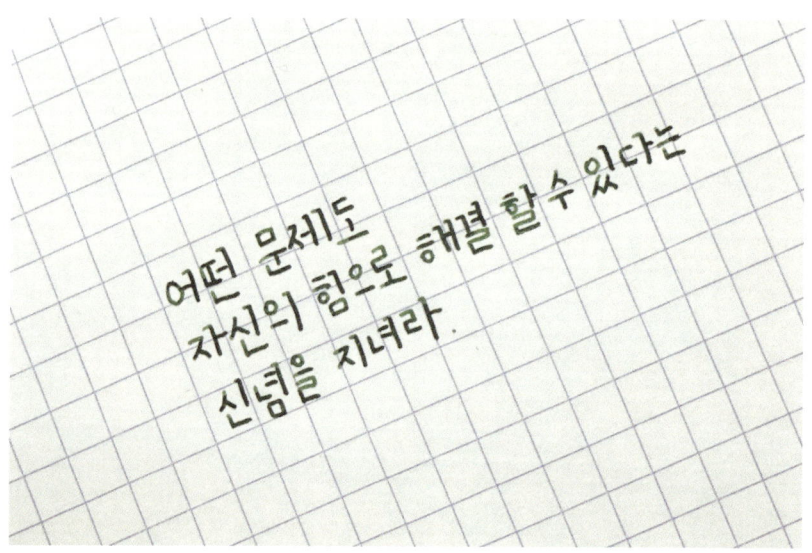

▌ 카키모리 프로스트 Moss F촉　▌ 모나미 새내의 숲(직접 제작)　▌ 로디아 메모패드 모눈

스스로 해결할 수 있다는 신념은 나만의 든든한 무기가 됩니다. 매일 쓰는 긍정적인 믿음은 현실을 바꾸는 힘이 됩니다.

꼭 해야 하는 일부터 시작하라.
그 다음엔 할 수 있는 일을 하라.
그러다 보면 어느 순간 당신이
불가능하다고 생각했던 일을
해내고 있음을 알게 될 것이다.

\# 아시시의 성 프란체스코

▌카코 레트로 EF촉　▌펜브스 산토리니　▌글입다 임프레션 블랭크

여러분은 일어나자마자 무엇부터 하나요? 저는 책 《아티스트 웨이(줄리아 카메론, 위즈덤하우스, 2025)》에 소개된 모닝페이지 루틴을 먼저 한 후에 오늘의 필사를 합니다. 마음을 다잡은 뒤에는 할 수 없을 것 같았던 일들도 자연스럽게 해내는 나를 발견하게 됩니다.

당신이 행동하지 않으면
아무 일도 일어나지 않는다.

마야 안젤루

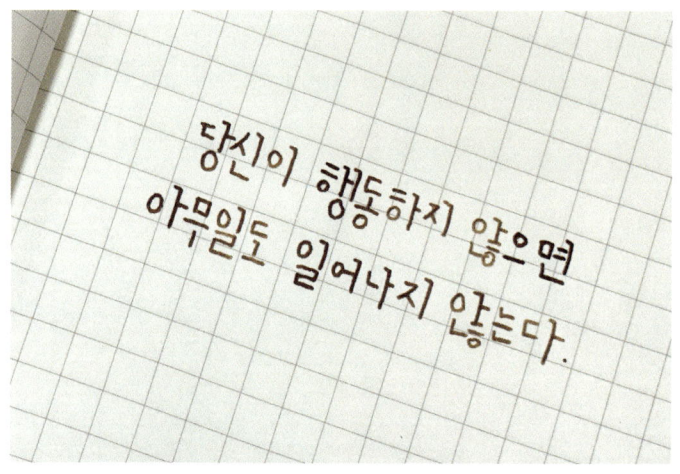

| 진하오 82 F촉 | 피에르가르뎅 사운드 오브 뮤직 쇼팽 코냑 브라운 | 펜코 소프트 PP 그리드

아무리 멋진 계획도 시작하지 않으면 그저 상상에 머물 뿐입니다. 지금의 행동이 미래를 만들고, 오늘의 선택이 내일의 기적이 됩니다.

인생에서 성공하기 위한 조건은
일에 대해서 나날이
흥미를 새롭게 할 수 있을 것과
일에 끊임없이 마음을 쏟는다는 것,
매일 무의미하게 지내지 않는다는 것이다.

윌리엄 라이언 펠프스

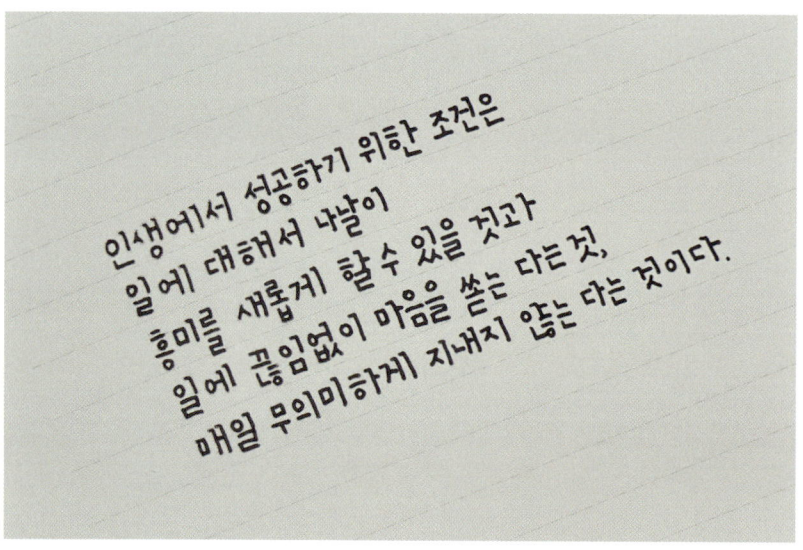

▎오로라 탈렌툼 레진 EF촉   ▎로버트 오스터 오스트레일리안 오팔 그레이   ▎무명노트 라인

리넨 소재의 고급스러운 노트에 필사해 나가면 나만의 책을 완성하는 것 같아서 기분이 좋아져요. 필사를 통해 매일을 의미 있는 하루로 만들어 보세요.

기다릴 줄 아는 사람에게는
모든 기회가 때에 맞춰서 온다.
그래서 인간에게는 인내와 시간,
이것보다 강한 무기는 없다.

\# 레프 톨스토이

▌ 파카 조터 클래식 EF촉   ▌ 글입다 윤동주 계절이 지나가는 하늘   ▌ 필로그램 노트 도트

성급함을 버리고 인내할 줄 아는 사람에게 세상은 알맞은 순간에 기회를 선물합니다. 어릴 때부터 성격이 급하다는 말을 자주 들었는데, 지치지 않고 계속해서 좋아하는 일을 해 나갈 수 있었던 것은 이런 글귀 덕분입니다. 여러분에게는 힘이 되는 명언이 있나요?

길을 가다가 돌이 나타나면
약자는 걸림돌이라 말하고
강자는 디딤돌이라 말한다.

\# 토머스 칼라일

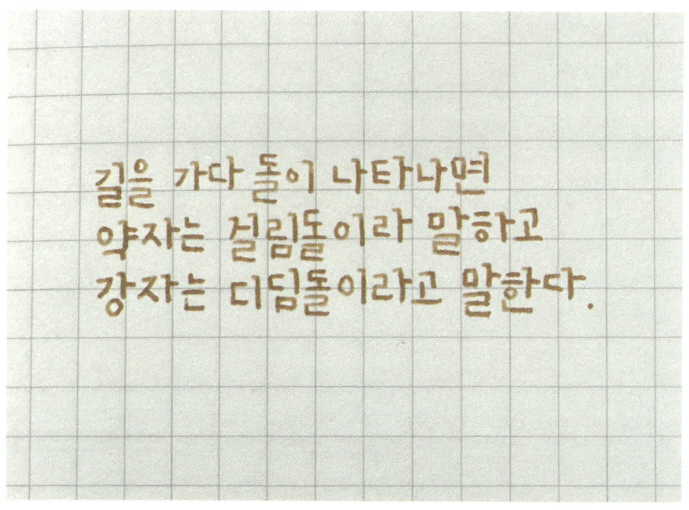

▍워터맨 뉴헤미스피어 F촉   ▍파버카스텔 그라폰 코냑 브라운   ▍무인양품 패스포트 노트 모눈

> 어려움 속에서 주저앉을지, 기회로 삼아 성장할지는 선택에 달려 있습니다. 오늘 만난 돌이 나를 단단하게 받쳐 주는 발판이 될 수도 있습니다.

꾸준히 하는 당신의 일이
당신이 어떤 사람인지를 말해 준다.
훌륭함이란 우연히 이루어지는 것이 아니라
몸에 밴 습관으로 이루는 것이다.

\# 아리스토텔레스

│ 세일러 프로피트 캐주얼 EF촉　│ 플래티넘 카본 블랙　│ 호보니치 테쵸 노트 모눈

순간의 열정도 중요하지만, 지속적인 실천과 꾸준함이 나의 진짜 모습을 증명합니다. 여러분은 하루하루 무엇을 쌓아가고 있는지 점검해 보세요.

바람이 도와주지 않으면
노를 저어라.

라틴 속담

| 알라딘 본투리드 EF촉　| 모나미 달빛 머금은 강가　| 미도리 MD노트 무지

상황과 운이 따라주지 않아도, 자기 힘으로 한 걸음씩 움직여야 합니다. 작은 노력이 모이면 결국 바람이 부는 순간을 만나 더 멀리 나아갈 수 있을 거예요.

느린 진전도 진전이다.
시간이 조금 걸려도
당장 이해하는 것보다
묻는 것이 더 중요하다.

\# 피타고라스

■ 스틸폼 알루미늄 EF촉   ■ 펠리칸 4001 브릴리언트 브라운   ■ 솔루션북 노트 라인

AI 시대에는 질문을 잘하는 것이 중요하잖아요? 무조건 옳은 답을 내려고 하기보다는 현명하게 질문하며 삶의 방향을 찾아보세요.

시간은 내가 가진 유일한 동전이고,
그 동전을 어디에 사용할지는
오직 나만 결정할 수 있다.
다만, 다른 사람이 내 동전을
써 버리지 않도록 주의해야 한다.

#칼 샌드버그

▎알라딘 본투리드 EF촉　▎펠라칸 4001 다크 그린　▎고쿠요 6mm 도트선

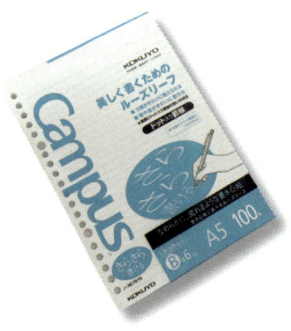

외부에서 에너지를 얻는 ENFP이지만, I 성향도 많아서 내가 가진 시간을 의미 없이 남과 나누는 것을 싫어하는 편인데요. 여러분 주변에도 나의 시간을 함부로 쓰게 만드는 사람이 없는지 한번 살펴보세요.

나는 모든 것을 할 수는 없지만
무언가는 할 수 있다.
그리고 내가 모든 것을 할 수 없기에
내가 할 수 있는 것을 기꺼이 하겠다.

에드워드 에버렛 헤일

| 파이롯트 이로우츠시 F촉 | 펜브스 설야초청 | 무명노트 라인

세상의 모든 일을 다 해낼 수 없다고 무력한 존재는 아니잖아요. 일단 오늘은 필사로 마음을 다스리면서 할 수 있는 일을 하나씩 생각해 보세요.

나무의 나이테가 우리에게 가르치는 것은
나무는 겨울에도 자란다는 사실입니다.
그리고 겨울에 자란 부분일수록
여름에 자란 부분보다
더 단단하다는 사실입니다.

신영복 《감옥으로부터의 사색(돌베개, 2018)》

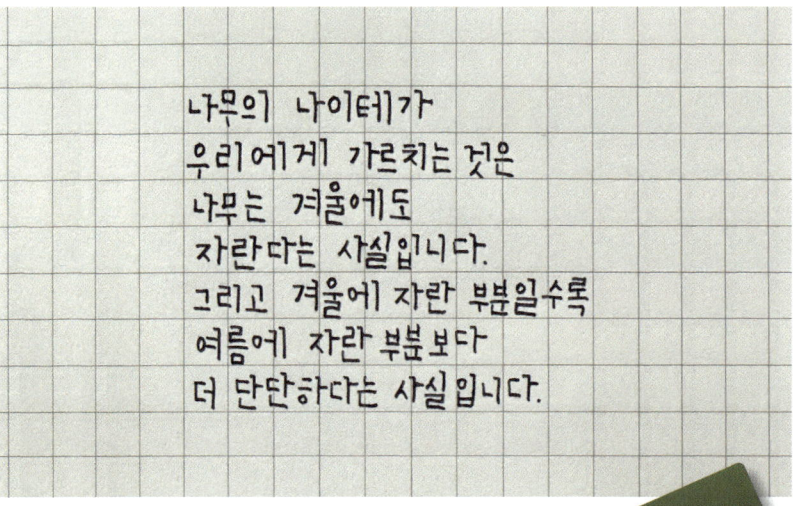

| 플래티넘 프레피 EF촉　| 블랙 카트리지　| 소소문구 디깅 노트

눈보라와 추위 속에 속도가 느리고 눈에 잘 띄지 않더라도 나무는 자라납니다. 어려움과 시련의 계절이 우리를 더 강하게 만들어 줄 거예요.

실패란 넘어지는 게 아니라
넘어진 자리에 머무는 것이다.

아네스 안

▌ 트위스비 에코 EF촉　　▌ 모나미 늦은 겨울의 동백　　▌ 트래블러스노트 무지

넘어졌다면 일어나고, 길을 잃었다면 지도를 펼쳐 보세요. 모든 것이 어렵다고 느껴진다면 오늘은 일단 한 문장 필사로 마음을 다잡아 보세요.

진정으로 당신의 삶을 바꾸고 싶거든
당신을 에워싼 것부터 바꿔라.

\# 앤드류 매튜스

┃ 홍디안 920s EEF촉　┃ 모나미 한여름의 초록잎　┃ 소소문구 드로잉북

> 한동안 정리하는 것이 유행이었는데요. 삶을 변화시키고 싶다면 한번 주변을 정리하고 가꿔 보세요. 무의미한 루틴 속에 갇혀 있다면 새로운 문은 보이지 않을 테니까요.

움츠러들지 않고 대담하게
뚫고 나갈 결심을 굳힌다면
우리를 가로막는 장애물 대부분은
사라질 것이다.

오리슨 스웨트 마든

▮ 파이롯트 에라보 SF촉　　▮ 디아민 그레이프　　▮ 무인양품 대나무 종이

어려운 일로 고민이 있나요? 그렇다면 "이건 반드시 넘어설 수 있다"라는 굳은 다짐으로 오늘을 시작해 보세요.

세상을 움직이려면
먼저 나 자신을 움직여야 한다.

\# 소크라테스

❚ 파버카스텔 엠비션 EF촉 ❚ 디아민 켈리 그린 ❚ 어프로치 노트 무지

변화의 시작점은 언제나 '나'입니다. 오늘 여러분은 어떤 변화를 꿈꾸나요?

습관이란 인간으로 하여금
어떤 일이든지 하게 만든다.

\# 표도르 도스토옙스키

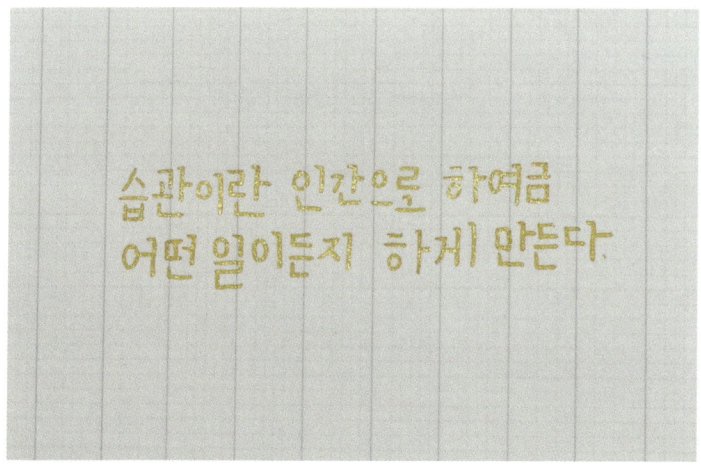

▎비인로그 로즈우드 딥펜 ▎펜브스 상하이 ▎글씨 코어 키우기 노트

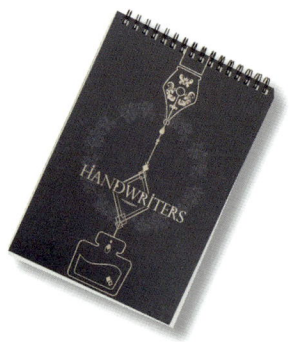

> 처음엔 작은 행동 하나로 시작되지만, 반복될수록 자연스럽게 우리를 이끌어 가는 게 습관입니다. 오늘 여러분을 이끈 좋은 습관은 무엇인가요?

자기 세계를 인정받기 위해서는
피나는 연습을 해야 한다.
하루를 연습하지 않으면 저 자신이 알고,
이틀을 연습하지 않으면 친구가 알고,
사흘을 연습하지 않으면 관객이 안다.

\# 아르투르 루빈스타인

| 파이롯트 라이티브 EF촉　　| 모나미 열정적인 상그리아　　| 솔루션북 노트 라인

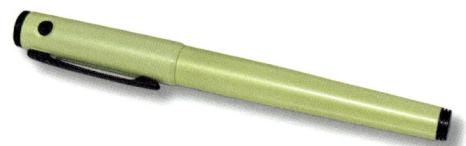

자신의 세계를 세상에 드러내고 싶다면 피나는 연습이 필요합니다. 꾸준함은 재능을 갈고닦는 칼날이자, 자기 세계를 인정받는 유일한 길이니까요.

어떤 일도 갑자기 이루어지지 않는다.
한 알의 과일, 한 송이의 꽃도 그렇게 되지 않는다.
나무의 열매조차 금방 맺히지 않는데,
하물며 인생의 열매를 노력도 하지 않고
조급하게 기다리는 것은 잘못이다.

에픽테토스

어떤 일도 갑자기 이루어지지 않는다.
한 알의 과일, 한 송이의 꽃도
그렇게 되지 않는다.
나무의 열매조차 금방 맺히지 않는데,
하물며 인생의 열매를
노력도 하지 않고
조급하게 기다리는 것은 잘못이다.

| 파이롯트 라이티브 EF촉 | 디아민 차이나 블루 | Self Growth 노트

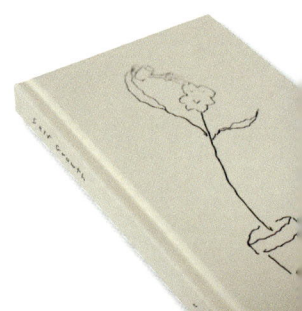

Self Growth 노트는 문구를 사랑하는 김규림 마케터가 미국의 일러스트레이터 블레크먼의 그림으로 만든 노트로, 스스로에게 물을 주는 꽃의 모습이 인상적이에요. 성장 욕구를 자극하는 노트에 하는 명언 필사, 잘 어울릴 것 같지 않나요?

PART 3 • 단단하고 반듯한 하루를 위한 필사

밑바닥은
내 삶을 다시 세운
단단한 토대가 되었다.

\# J. K. 롤링

밑바닥은 내 삶을 다시 세운
단단한 토대가 되었다.

▍ 홍디안 920s EEF촉　　▍ 펠리칸 4001 브라운　　▍ 클로르퐁텐 플레인

절망의 순간이 나를 단련시키고 다시 일어설 힘을 길러 줍니다. 밑바닥이 끝이 아니라 새롭게 시작하는 자리가 될 거예요.

당신이 할 수 있는
가장 최고의 투자는
자기 자신에 대한 투자이다.

워렌 버핏

❘ 모나미 올리카 EF촉　　❘ 올리브 카트리지　　❘ 펜트하우스 노트 무지

누구나 아는 브랜드 모나미에서 나온 만년필로도 가볍게 시작해 볼 수 있어요. 나를 위한 작은 투자로 만년필 하나 어떤가요?

매일 규칙적이고 질서 있는 삶을 살라.
그래야 일을 할 때 더 열정적이고
독창적일 수 있다.

\# 귀스타브 플로베르

| 에스터브룩 아쿠아 미니스텁촉　　| 제이허빈 루이에 당크르　　| 인생상점 불렛저널

마음과 몸을 안정시키는 정돈된 일상 속에서 우리는 집중력을 키우고, 에너지를 효율적으로 사용할 수 있습니다. 작은 루틴이 쌓일수록 내면은 더 단단해지고, 새로운 아이디어와 열정이 자연스럽게 솟아오를 거예요.

당신이 비록 날개로 날 수 없다면 달려라.
달릴 수 없다면 걸어라.
걸을 수 없다면 기어가라.
어떤 식으로든 계속 전진하라.

\# 마틴 루터 킹

▌파카 조터 클래식 EF촉 ▌디아민 살라만더 ▌솔루션북 노트 도트

지금 할 수 있는 만큼의 노력이 내일의 변화를 만들고, 작더라도 이어진 걸음은 당신이 원하는 목표에 도달하게 해줄 거예요.

따뜻하고 눈부신
하루를 위한 필사

PART 4

꽃을 보고자 하는 사람에겐
어디에나 꽃이 피어 있다.

\# 앙리 마티스

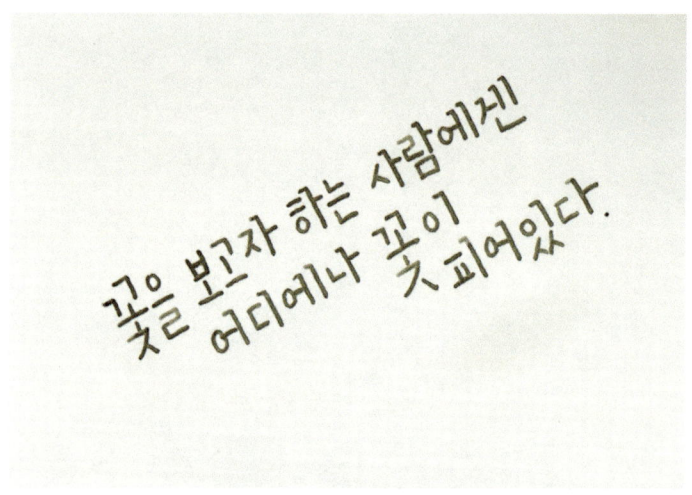

▎오로라 입실론 사계절 F촉　▎동백문구점 선인장　▎다이소 미니 노트

만년필은 전용 종이가 필수인데, 다이소에는 저렴하게 만년필 사용이 가능한 노트가 있어요.
필사를 하려는 우리에겐 어디서나 만년필 종이가 보인다니까요.

모두가 중요한 존재이다.
누구보다 더 중요한 사람은
존재하지 않는다.

\# 블레즈 파스칼

▎파이롯트 캡리스 데시모 EF촉　▎오로라 블랙　▎미도리 MD노트 무지

우리는 모두 저마다 소중한 가치를 지닌, 삶의 한 자리를 빛내는 중요한 존재입니다.

만족스럽게 자신의 인생을
되돌아볼 수 있는 삶을 산다면
다른 사람보다 두 배의 삶을 사는 것이다.

\# 칼릴 지브란

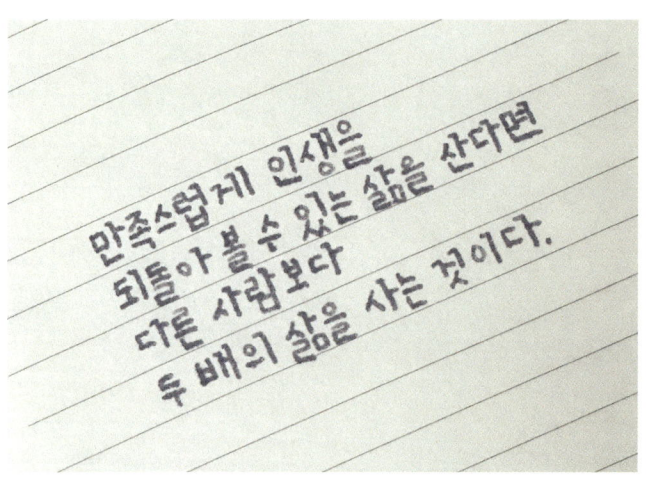

| 스틸폼 알루미늄 EF촉 | 글입다 이상 거울 속의 나 | 오롬 다이어리

> 필사하며 매 순간을 의미 있게 만족스럽게 되돌아볼 수 있다면 좋겠습니다. 진정한 삶의 가치는 성찰에서 비롯되는 깊이에 있으니까요.

우리를 선하게 만드는 것도 마음이고
악하게 만드는 것도 마음이다.
행복하거나 슬프게 만드는 것도 그것이고
부자나 가난뱅이로 만드는 것도 그것이다.

\# 에드먼드 스펜서

▎ 파이롯트 커스텀 74 EF촉   ▎ 교토 교노오토 우라하이로   ▎ 트래블러스 컴퍼니 리필지 무지

마음은 눈에 보이지 않지만 삶을 이끄는 큰 힘입니다. 작은 생각 하나가 하루를 밝히기도, 어둡게 하기도 합니다. 필사를 통해 마음 부자가 되어 보는 것은 어떨까요?

텅 비어 있어서 더 충만하고
불완전한 덕분에 더 아름답다.
나답게 산다면 그걸로 충분하다.

\# 노자

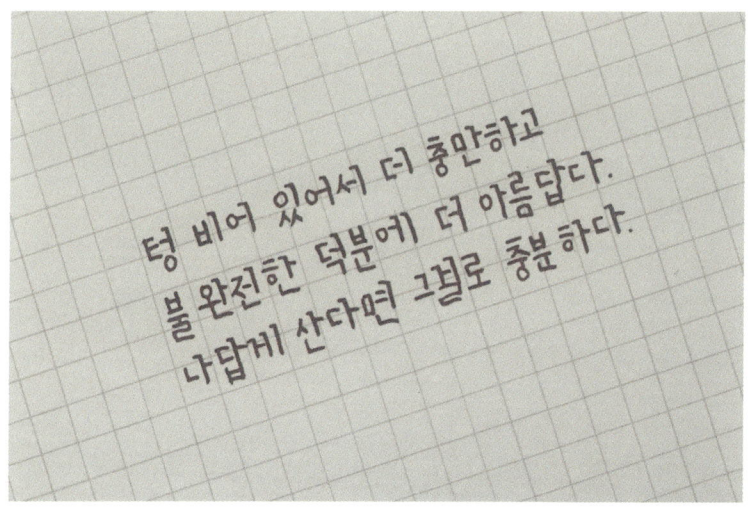

▎트위스비 에코 EF촉　▎디아민 모나코 레드　▎글입다 레저버 그리드

비어 있음은 채움의 가능성을 열어주고, 불완전함은 우리를 더 인간답게 만듭니다. 완벽하지 않아도 괜찮아요. 조금 부족해 보이는 글씨체도 나답게 써 보세요.

인생에서 중요한 세 가지는
첫 번째도 친절,
두 번째도 친절,
세 번째도 친절이다.

헨리 제임스

| 진하오 82 EF촉 | 글입다 이상 13인의 아해 | 미도리 MD노트 무지

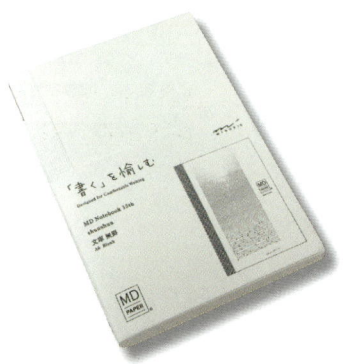

따뜻한 한마디, 싱긋 건네는 미소, 조용히 내민 손길이 누군가의 하루를 밝혀 줍니다. 진심이 담긴 친절은 마음과 마음을 연결하고 세상을 조금 더 따스하게 만들어 줍니다.

PART 4 • 따뜻하고 눈부신 하루를 위한 필사

긍정적인 마음가짐은
영혼을 살찌우는 보약이다.

나폴레온 힐

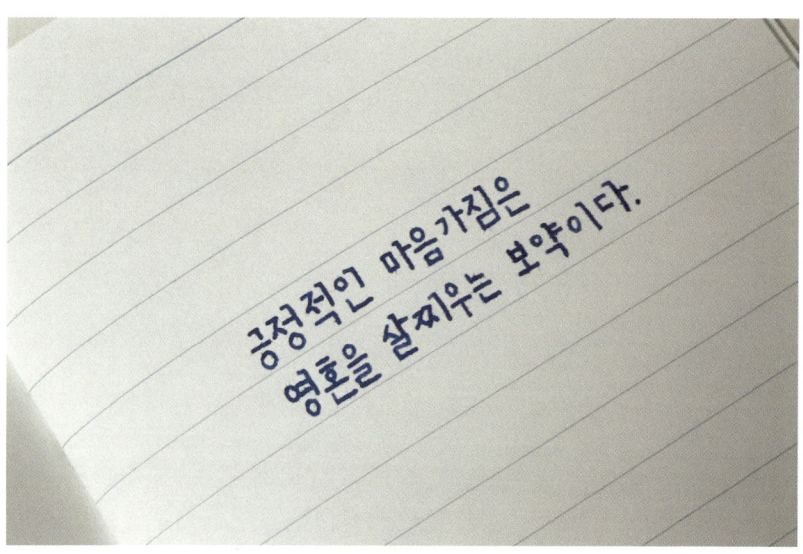

| 파카 조터 클래식 EF촉　| 파카 큉크 블루　| 모노라이크 미니 노트 라인

긍정은 우리 영혼을 풍요롭게 하며, 삶을 건강하고 빛나게 만듭니다. 긍정적인 글귀들로 마음의 힘을 키워 봐요.

빛나던 한때가 사라졌다고 슬퍼하지 말고,
빛나는 나날이 아직 남아 있음을
기뻐하며 감사하라.

임마누엘 칸트

> 빛나던 한때가 사라졌다고
> 슬퍼하지 말고,
> 빛나는 나날이 아직 남아있음을
> 기뻐하며 감사하라.

┃ 세일러 프로피트 캐주얼 EF촉   ┃ 플래티넘 카본 블랙   ┃ 몰스킨 노트 라인

빛나던 한때는 지워지지 않는 카본 잉크로 남겨 두고, 또 다른 빛나는 내일을 적어 나가요.

당신이 할 수 있다고 믿든
할 수 없다고 믿든,
믿는 대로 될 것이다.

\# 헨리 포드

| 파이롯트 카쿠노 마도로미 M촉 ∥ 블랙 카트리지 ∥ 미도리 MD노트 무지

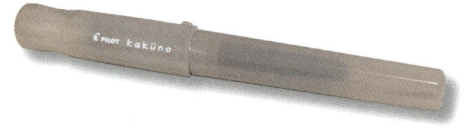

두려움과 망설임이 발목을 잡을 때도 있지만, 할 수 있다는 믿음으로 한 걸음 더 나아가 보세요. 믿으면 반드시 이루어질 테니까요.

정말 멋진 날이야.
이런 날에 살아있다는
사실만으로도 행복해.

\# 루시 몽고메리 <빨간 머리 앤>

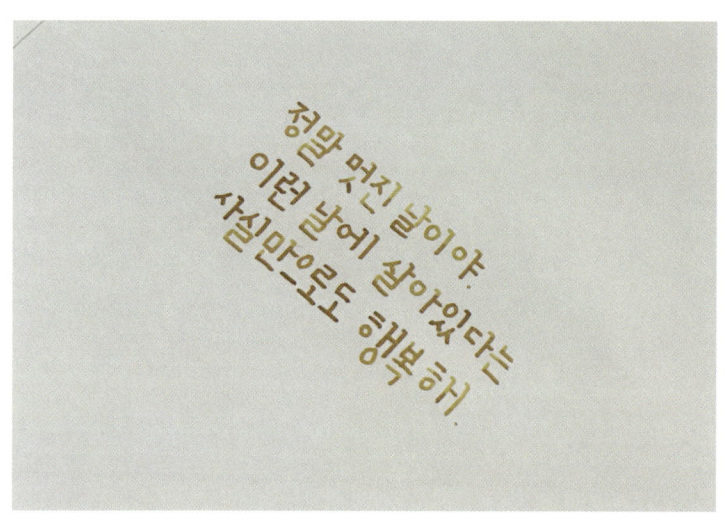

▎파이롯트 이로우츠시 M촉   ▎글입다 윤동주 별빛이 나린 언덕   ▎펜트하우스 노트 무지

잔잔하게 금펄이 반짝거리는 글씨처럼, 오늘 하루도 빛나는 멋진 날이 될 거예요.

가장 중요한 사실은
당신이 할 수 있다는 것을
아는 것이다.

로버트 앨런

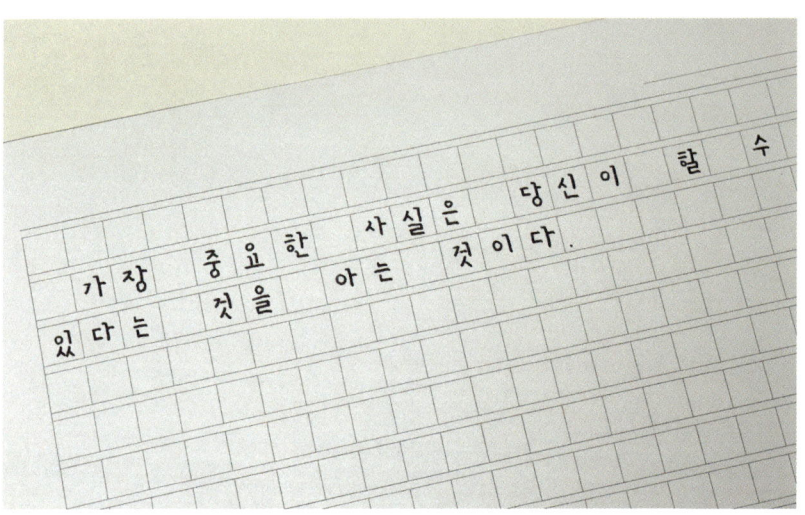

▎몽블랑 145 F촉   ▎펠리칸 4001 블랙   ▎글입다 레저버 원고지

어릴 적 썼던 원고지를 다시 쓰니 새삼 훌쩍 지난 세월이 느껴지네요. 그만큼 할 수 있다는 자신감도 더 쌓였고요.

수천 개의 촛불도
단 한 개의 초로 밝힐 수 있으며,
그렇다고 그 초의 수명이 짧아지지 않는다.
행복은 나눈다고 절대 줄지 않는다.

#붓다

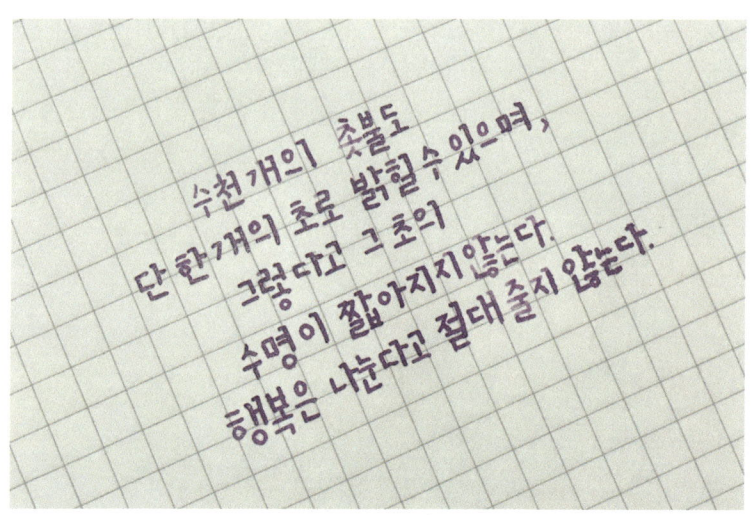

| 미도리 MD딥펜　| 펜브스 맥상초련　| 고쿠요 모눈

행복을 주는 손길은 나에게 더 깊은 만족과 행복으로 돌아옵니다. 그러니 오늘은 누군가에게 행복을 한번 전해 보세요.

인생을 살아가는 데는
두 가지 방법밖에 없다.
하나는 아무것도 기적이 아닌 것처럼,
다른 하나는 모든 것이
기적인 것처럼 살아가는 것이다.

\# 알버트 아인슈타인

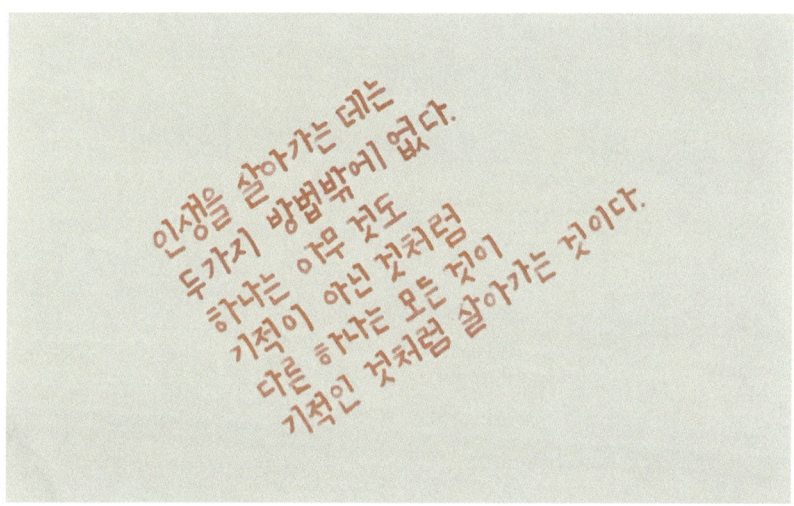

▌ 라미 사파리 EF촉   ▌ 펜브스 앵화만개   ▌ 어프로치 노트 무지

모든 순간을 기적으로 받아들인다면, 평범한 아침 햇살조차 감동으로 다가옵니다. 오늘 하루도 기적인 것처럼 살아가세요.

아무 걱정 말아요.
모든 일이 다 잘 될 테니까요.

#밥 말리

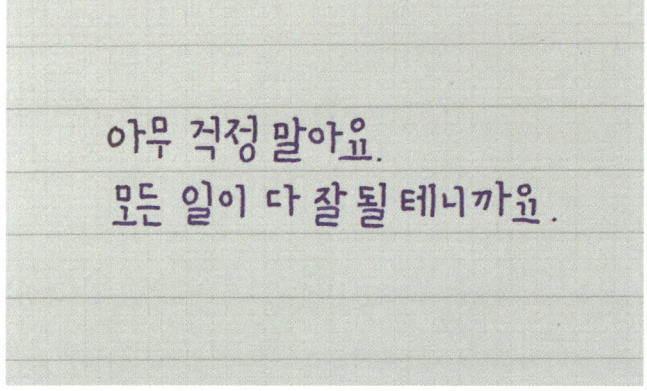

▎플래티넘 프레피 F촉　▎퍼플 카트리지　▎글씨 코어 키우기 노트

글씨 코어 키우기 노트처럼 글씨에 관련된 펀딩 제품들을 구매하고 후원하는 것을 좋아합니다. 국내에서도 좋은 제품이 나오려면 많은 사람들의 관심과 소비가 필수니까요.

스스로 자신을
존경한다면
다른 사람도 그대를
존경할 것이니라.

\# 공자

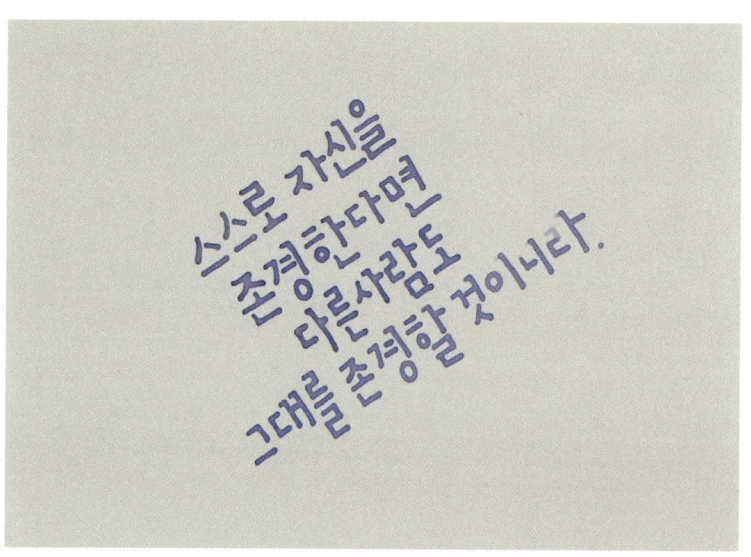

▌ 글라스 딥펜   ▌ 펜브스 벽공여세   ▌ 필로그램 노트 무지

저는 수집보다는 실사용을 목적으로 만년필을 사용하는데요. 유리 딥펜 사이로 잉크가 흘러내리는 모습을 보고 있으면, 어쩐지 신데렐라의 유리구두가 떠오르면서 아름다운 펜을 색깔별로 수집하고 싶다는 생각을 하게 됩니다.

마음 밭에 '긍정'을 심으면
긍정적인 결과가 나오고,
'부정'을 심으면 부정적인 결과를 낳는다.
생각 속에 성공을 넣으면
성공의 결과가 나온다.

박형미(파코메리 대표)

▍ 에스터브룩 아쿠아 미니스텁촉   ▍ 제이허빈 루이에 당크르   ▍ 필로그램 노트 도트

성공은 외부에 있지 않고 내가 어떤 시선으로 세상을 바라보느냐에 달려 있습니다. 오늘부터는 생각 속에 성공을 넣어 보세요.

항상 웃는 얼굴로
서로를 마주하세요.

마더 테레사

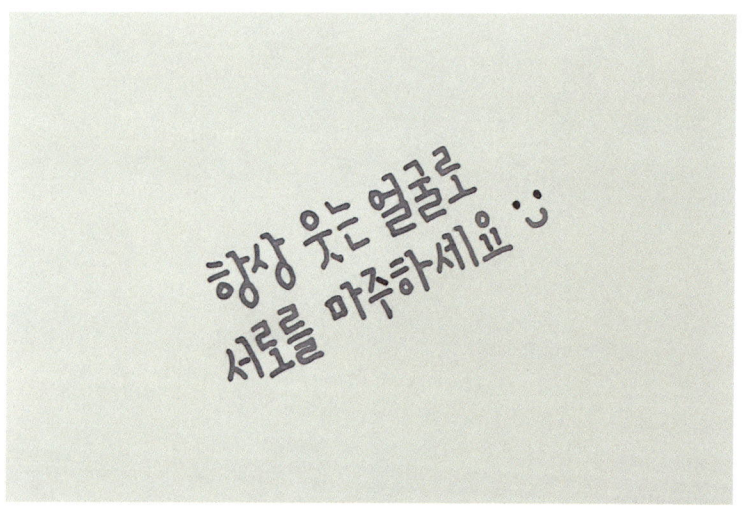

▎홍디안 1851 F촉   ▎칼라버스 안티 매터   ▎필로그램 노트 무지

웃는 얼굴은 말보다 깊은 위로가 되고, 지친 마음에 용기를 불어넣어 줍니다

세상이 그대를 과소평가할지라도
절망하지 마라.
그대는 누가 뭐라 해도
우주 유일한 존재이다.

\# 이외수

| 라미 아이온 EF촉 | 디아민 클래식 그린 | 다이소 일본제 3mm 모눈

타인의 시선과 평가가 여러분의 가치를 결정하지 않습니다. 실패와 비교 속에서도 꺾이지 말고 스스로의 가능성을 믿으세요.

우리가 빛을 보기 위해
가장 집중해야 하는 시간은
가장 어두운 순간이다.

아리스토텔레스

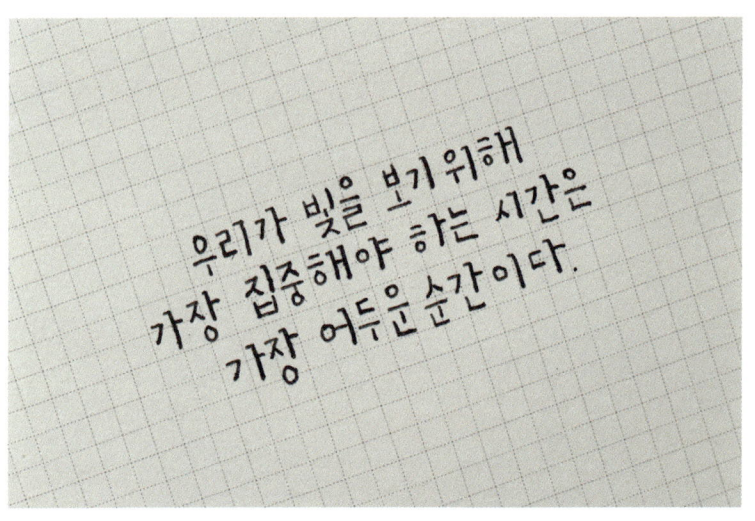

▎모나미 153 EF촉　▎동백문구점 흑장미　▎리훈 어떤 날의 문장 필사노트

절망과 시련 속에서도 희망을 잃지 않을 때, 그 빛이 더 선명히 보입니다. 어둠이 있어야 희망도 있습니다.

우리는 이미 갖고 있는 건

별로 생각하지 않고

없는 것만 생각하며 부러워한다.

아르투어 쇼펜하우어

┃ 파이롯트 커스텀 74 SF촉　┃ 에고이스타 나이트 체리　┃ 고쿠요 6mm 라인

> 행복은 더 많은 것을 얻는 데 있는 것이 아니라, 이미 있는 것에서 감사와 만족을 발견하는 데 있습니다. 작은 것에도 감사하며 오늘을 충분히 누리세요.

행복의 문이 하나 닫히면
다른 문이 열린다.
그러나 종종 우리는
닫힌 문을 멍하니 바라보다가
우리를 향해 열린 문을 보지 못한다.

헬렌 켈러

| 파카 아이엠 모노크롬 EF촉 | 디아민 펌킨 | 인생상점 불렛저널

지나간 것에 머무르지 말고, 지금 내 앞에 열려 있는 문을 향해 용기 있게 나아가세요.

겨울이 오면

봄이 멀지 않으리.

\# 퍼시 셸리

겨울이 오면
봄이 멀지 않으리

▎파이롯트 커스텀 74 EF촉   ▎교토 교노오토 우라하이로   ▎다이소 돌로 만든 방수 메모장

추위 속에서 움츠러든 나무도, 땅속 깊이 숨어든 씨앗도 봄을 준비하며 힘을 모읍니다. 여러분도 지금 겨울 속에 있다면 조금만 더 힘내 보세요. 행복이 멀지 않았으니까요.

마음의 문을 닫지 말고
항상 열어 두라.

\# 오쇼 라즈니쉬

| 카키모리 황동펜촉 | 펜브스 저사여의 | 다이소 5mm 일본제 노트패드

상처가 두렵다고 나를 가두면 외로움만 남습니다. 마음의 문을 열어 두면 예상치 못한 기쁨과 소중한 인연이 다가올 테니 오늘도 열린 마음으로 하루를 보내 보세요.

오늘은 절대로
다시 오지 않는다는 것을
생각하라.

단테 알리기에리

| 미도리 MD딥펜　| 펜브스 화소백궁　| 고쿠요 6mm 라인

우리는 내일을 기약하며 오늘을 흘려보내지만, 지나간 시간은 되돌릴 수 없습니다. 그러니 소중한 오늘을 진심을 다해 보내 보세요.

아무것도 하지 않는다거나
그냥 흘러간다거나
들을 수 없는 것에 귀를 기울인다거나
이런 것들의 가치를 과소평가하지 마.

\# 앨런 밀른 <곰돌이 푸>

| 오로라 탈렌튬 레진 EF촉 | 펠리칸 4001 터콰이즈 | 필로그램 노트 라인

한적하고 여유롭게 보내는 시간, 작은 것에 귀 기울이며 발견하는 소리들은 삶을 깊이 있게 만듭니다. 겉으로는 무의미해 보일지라도 그 안에는 쉼, 깨달음, 영감이 숨어 있으니까요. 오늘 여러분이 찾은 영감은 무엇인가요?

당신 주변에 여전히 남아 있는
아름다움을 생각하고
행복해지세요.

안네 프랑크

당신 주변에 여전히 남아있는
아름다움을 생각하고
행복해지세요.

▌다이소 F촉　▌블랙 카트리지　▌필로그램 노트 무지

주변에서 아름다움을 발견한 순간을 떠올려 보세요. 그리고 그런 순간들을 온전히 느끼며 어제보다 더 행복해지세요.

기다림과 견딤의 시간을 갖다 보면
희망의 싹이 튼다.
희망은 청하지 않았는데
저절로 나에게 오는 손님이 아니다.

이해인

▎트위스비 에코 EF촉   ▎파버카스텔 그라폰 걸프 블루   ▎다이소 일본제 3mm 모눈

희망은 우연히 찾아오는 행운이 아니라 포기하지 않는 사람에게 언젠가 주어지는 열매입니다. 마음의 창가에 작은 희망의 싹을 피워 낼 날을 응원합니다.

자신감 있는 표정을 지으면
자신감이 생긴다.

찰스 다윈

| 오로라 탈렌튬 레진 EF촉 | 워터맨 그린 하모니우스 | 다이소 돌로 만든 방수 메모장

당당한 표정으로 자신감을, 자신감으로 당당한 표정을 만들어 보세요.

일어나자마자 감사하라.
오늘 많이 배우지 않았다면, 조금이라도 배운 것을 감사하라.
조금이라도 배우지 않았다면, 아프지 않은 것을 감사하라.
아프다면, 죽지 않은 것을 감사하라.
즉 만사에 감사하라는 것이다.

#붓다

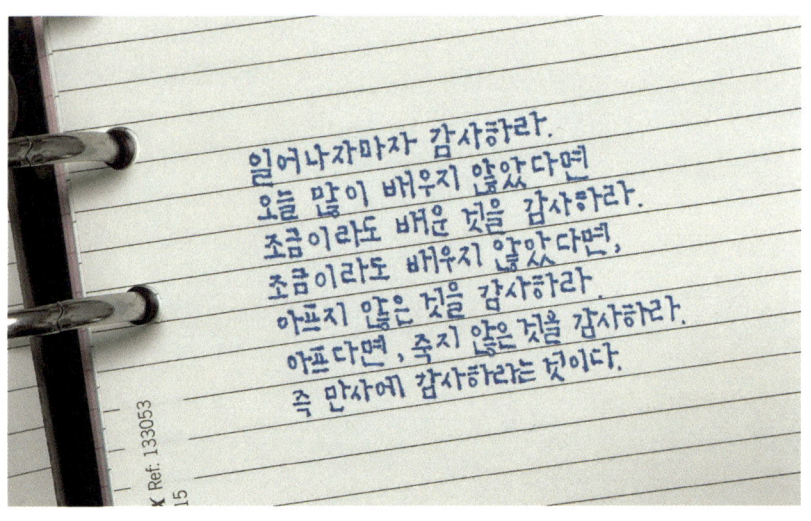

| 파이롯트 카쿠노 마도로미 EF촉 | 파이롯트 패러럴펜 터콰이즈 카트리지 | 파일로팩스 몰든 오거나이저

오랜 시간 사용할 수 있는 가죽 다이어리에 종이만 리필해서 차곡차곡 추억을 쌓아 감에 감사합니다. 여러분이 오늘 감사할 일은 무엇인가요?

사람은 자신이 하는 일에 열중할 때
행복은 자연히 따라온다.
무슨 일이든 지금 하고 있는 일에 몰두하라.
그것이 위대한 일인지 아닌지는 생각하지 말고,
방을 청소할 때는 완전히 청소에 몰두하고
요리할 때는 거기에만 몰두하라.

#오쇼 라즈니쉬

| 플래티넘 프레피 EF촉　| 블랙 카트리지　| 호보니치 테쵸 노트 모눈

청소로 방이 깨끗해지는 작은 변화, 요리할 때 퍼져 나가는 맛있는 냄새 속에서 우리는 삶의 리듬을 느낍니다. 일상의 한 장면에 깊이 빠져드는 경험을 소중히 여겨 보세요.

사랑은
판단하지 않는 것이다.

\# 달라이 라마

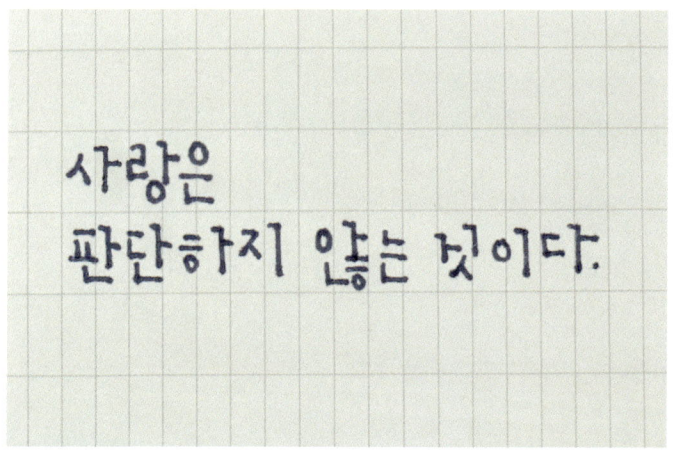

▍영웅 359 EF촉 ▍파이롯트 이로시주쿠 동장군 ▍워너디스 미라이트 다이어리

사랑은 옳고 그름을 따지기보다 있는 그대로를 받아들이는 마음입니다. 상대방을 내 기준에 맞추려 하지 말고 이해하려고 노력하다 보면 관계가 어느새 달라질 것입니다.

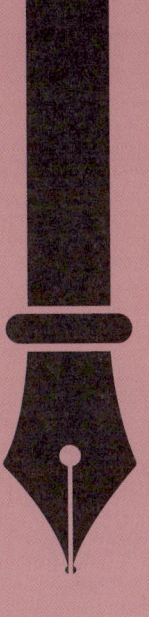

고요히 깊어지는
하루를 위한 필사

PART 5

가장 중대한 실수는
조급함 때문에 일어난다.

마이크 머독

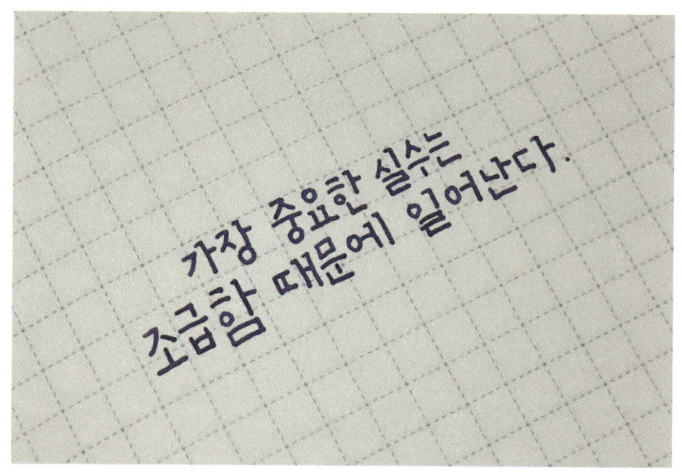

┃ 펠리칸 M200 카페크림 EF촉   ┃ 세일러 시키오리 빗소리 포츠포츠   ┃ 호보니치 테쵸 노트 모눈

마음이 앞서면 판단이 흐려지고, 발걸음을 서두르면 오히려 길을 잃기 쉽습니다. 오늘 하루 조급함은 내려놓고 여유 있게 보내 보세요.

큰일에는 진지하게 대하지만
작은 일에는 손을 빼는 것이
당연하다고 생각하는 것,
몰락은 언제나 여기에서 시작된다.

헤르만 헤세

| 워터맨 뉴헤미스피어 F촉 | 카웨코 루비 레드 | 글씨 코어 키우기 노트

작은 일부터 성실하게 차근차근 이뤄 나가야 무너지지 않는 단단한 나를 만들 수 있습니다.

우울할 때는
높은 목표를 바라보는 것을 멈추고
본인이 아주 기본적인 것을
하고 있는지 점검하라.

\# 데이비드 번스

▌다이소 F촉   ▌블랙 카트리지   ▌다이소 일본제 3mm 모눈

다이소에는 저렴한 만년필이 여러 가지 있는데요. 이번에 사용해 본 만년필은 단돈 천 원에 카트리지도 다섯 개나 들어 있어서 부담 없이 써 볼 수 있었어요.

내가 옳다면
화낼 필요가 없고
내가 잘못했다면
화낼 자격이 없다.

\# 마하트마 간디

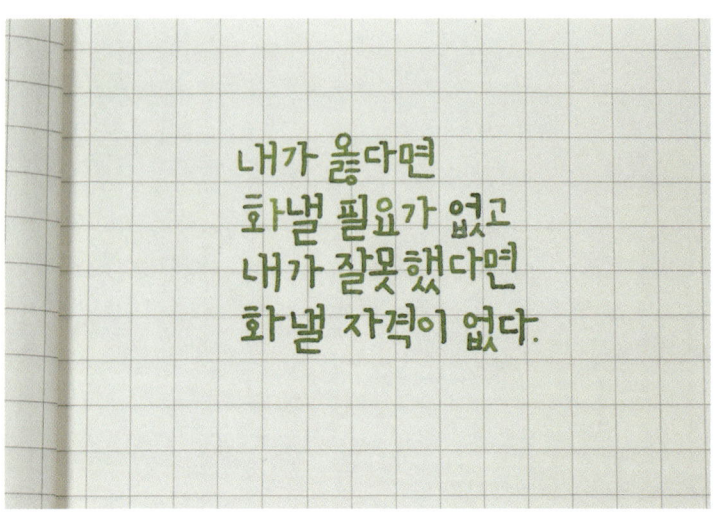

▎ 깃털펜 딥펜　▎ 펜브스 성탄홍　▎ 펜코 노트 모눈

> 내가 옳다면 진실은 스스로 드러나기 마련이므로 굳이 화낼 이유가 없습니다. 옳고 그름을 따지기보다 마음을 다스릴 때, 보다 성숙한 길을 갈 수 있습니다.

누군가에게 딱 맞는 신발도
다른 사람의 발은 아프게 할 수 있다.
모든 경우에 다 적용되는
삶의 비결은 존재하지 않는다.

\#칼융

| 세일러 프로피트 시키오리 달밤의 수면 F촉 | 세일러 청묵 카트리지 | 동백문구점 레토리카 노트 라인

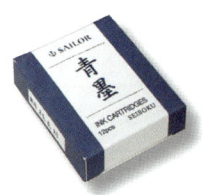

세상에는 정답이 하나가 아니므로 자기만의 속도와 방식으로 살아가는 지혜가 필요합니다. 이 책에서 보여 드린 만년필과 잉크가 나와 맞지 않는다고 실망하지 마세요. 여러분에게 딱 맞는 신발을 찾게 될 거예요.

항상 맑으면 사막이 된다.
비가 내리고 바람이 불어야만
비옥한 땅이 된다.

\# 스페인 속담

| 라미 스튜디오 EF촉 | 오로라 블루블랙 | 고쿠요 6mm 도트선

때로는 비가 내리고 바람이 불어야 땅이 숨 쉬고 생명이 자랍니다. 눈물과 고통이 지나간 자리에 새로운 희망과 풍요로운 삶이 피어날 거예요.

부드러운 말로
상대를 설득하지 못하는 사람은
거친 말로도
설득할 수 없다.

\# 안톤 체호프

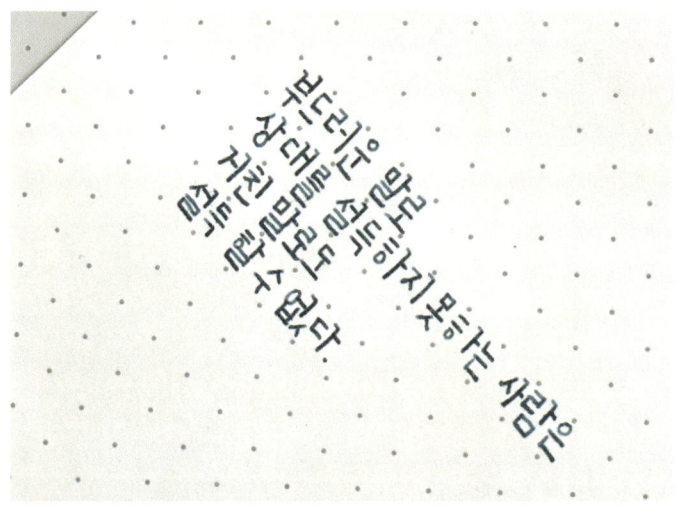

▌ 오디안 1851 EF촉   ▌ 파이롯트 이로시주쿠 송로   ▌ 컴포지션스튜디오 노트 도트

상대를 설득하려면 존중과 이해가 담긴 말이 필요합니다. 설득은 힘으로 되는 것이 아니라, 공감과 배려로 이루어지니까요.

누군가를 미워하고 있다면,
그 사람의 모습 속에 보이는
자신의 일부분을 미워하는 것이다.
나의 일부가 아닌 것은 거슬리지 않는다.

\# 헤르만 헤세

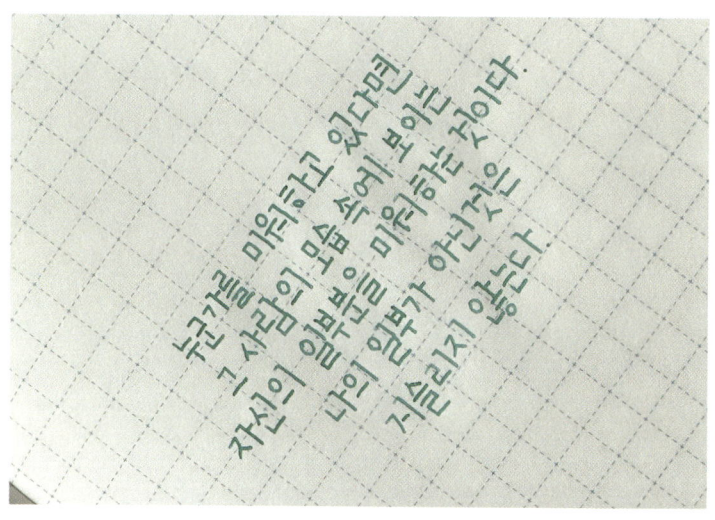

▌ 카웨코 스튜던트 EF촉   ▌ 도미넌트 인더스트리 차보라이트   ▌ 호보니치 테쵸 노트 모눈

미움의 감정을 통해 나를 돌아보고, 성장의 기회로 삼을 수 있다면 그 또한 의미 있는 배움이 될 거예요.

불행의 가장 큰 원인은
다른 사람의 행복을
과대평가하는 데 있다.

\# 마거릿 토머스

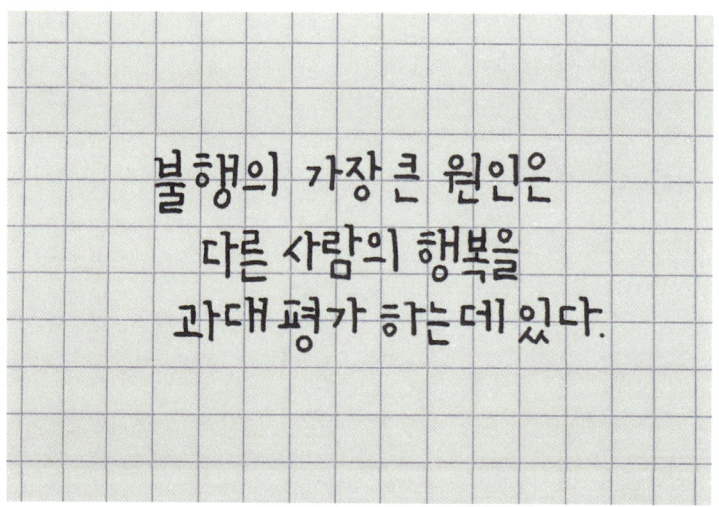

| 펠리칸 M200 카페크림 EF촉 | 몽블랑 블랙 | 로디아 메모패드 모눈

우리는 자주 다른 사람의 삶을 과장해서 바라보며 내 삶을 초라하게 만듭니다. 타인에게 기준점을 맞추기보다 내가 가진 행복에 더 집중해 보세요.

아무도 당신 동의 없이는
당신을 열등하게 만들 수 없다.

\# 엘리너 루즈벨트

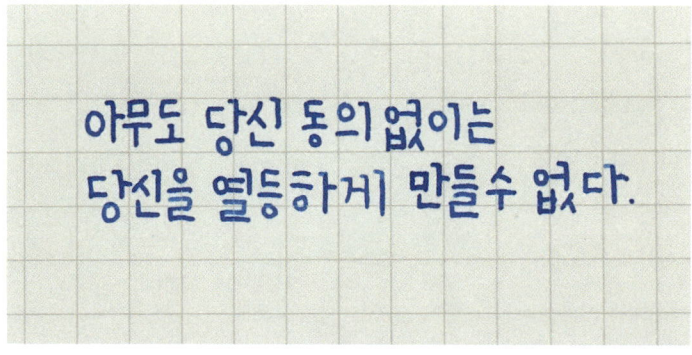

▎무민 만년필　▎모나미 하늘 담은 호수　▎다이소 일본제 5mm 도트

누군가의 말이나 시선이 당신의 가치를 결정할 수 없어요. 열등감은 타인의 판단보다 스스로의 믿음에서 시작됩니다. 자신을 믿고 존중하세요.

사람은 태어날 때
입안에 도끼를 간직하고 나와서
스스로 제 몸을 찍게 되니,
이 모든 것은 자신이 뱉은 악한 말 때문이다.

#《법구경》

사람은 태어날 때 입안에
도끼를 간직하고 나와서
스스로 제 몸을 찍게 되니,
이 모든 것은 자신이 뱉은
악한 말 때문이다.

┃ 파버카스텔 그립 2010 EF촉   ┃ 디아민 켄싱턴 블루   ┃ 라미만년필×양지저널 라인드

무심코 내뱉는 말은 타인은 물론 나 자신도 다치게 합니다. 오늘은 만나는 사람들에게 예쁜 말을 건네 보는 건 어떨까요?

빨리 가려거든 혼자 가라.
멀리 가려거든 함께 가라.
빨리 가려거든 직선으로 가라.
멀리 가려거든 곡선으로 가라.
외나무가 되려거든 혼자 서라.
푸른 숲이 되려거든 함께 서라.

\# 인디언 속담

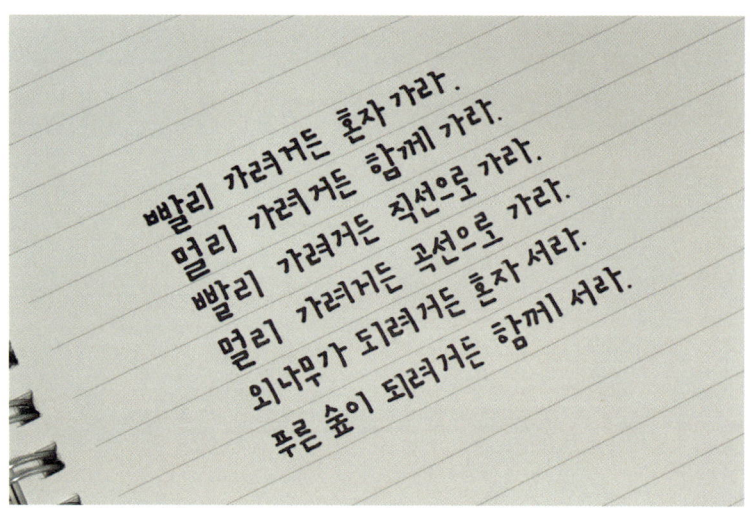

▎워터맨 뉴헤미스피어 F촉 ▎진하오 블랙 ▎필로그램 노트 라인

인생의 시기마다 빨리 가고 싶을 때도, 함께 걷고 싶을 때도 있을 거예요. 정답은 없지만 곁에 있는 이들과 함께 푸른 숲을 만들어 가는 것도 의미 있을 거예요.

남을 설득하려고 할 때는
자기가 먼저 감동하고
자기를 설득하는 데서부터
시작해야 한다.

토머스 칼라일

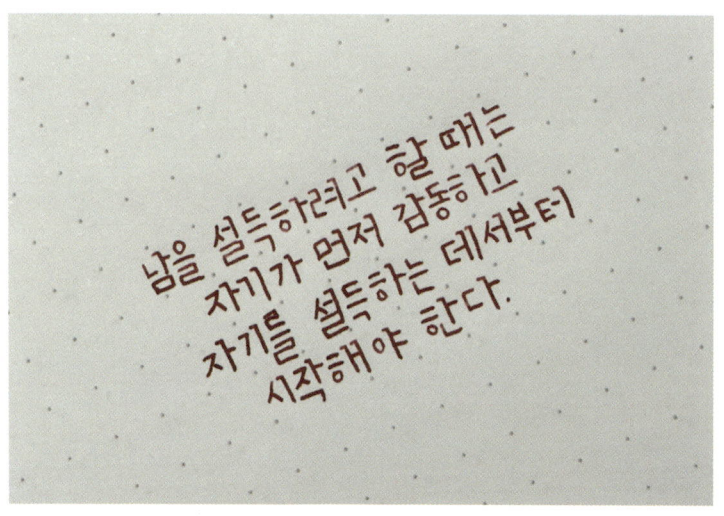

| 파카 조터 클래식 F촉　| 디아민 루비　| 로디아 메모패드 도트

스스로 확신하지 못하는 말은 아무리 그럴듯하게 포장해도 티가 납니다. 내가 내 생각을 믿을 때, 상대의 마음도 열리고 변화가 일어날 거예요.

강인한 사람은
남을 깎아내리지 않습니다.
오히려 높이 올려 줍니다.

마이클 왓슨

▌ 로트링 아트펜 1.1mm   ▌ 블랙 카트리지   ▌ 필로그램 노트 무지

로트링 아트펜은 부드럽게 흐르는 잉크와 안정적인 그립감 덕분에 많은 분들이 캘리그라피나 드로잉 작업에 사용하고 있어요. 사진은 저의 책 《하루 한 시간 캘리그라피(도란도란, 2016)》에서 보여 드린 서체인데 만년필로도 꾸준히 쓰고 있답니다.

언제나 나답게 사는 법을 배워라.
진정한 용기는 두려움 없이 맞서는 것이며
지혜는 지식의 효율적인 사용이다.

\# 플라톤

| 플래티넘 프레피 F촉 | 퍼플 카트리지 | 인생상점 불렛저널

지혜는 쌓아온 지식을 단순히 보관하는 것이 아니라, 필요한 순간에 올바르게 꺼내어 쓰는 힘에서 비롯됩니다. 읽고 보고 느낀 것들을 활용하는 힘을 길러 보세요.

공작새는 다른 공작새의
꼬리를 부러워하지 않는다.
자신의 꼬리가 세상에서
가장 아름답다고 믿기 때문이다.
자신이 가진 멋에 취할 줄 알아야
내면의 평화를 이룰 수 있다.

\# 버트런드 러셀

| 진하오 82 EF촉 | 세일러 시키오리 이로리 | 고쿠요 모눈

남과 비교하지 않고 내가 가진 강점과 매력을 사랑할 때 흔들리지 않는 단단한 자신감이 자라납니다.

가장 중요한 것은
나의 내부에서 빛이 꺼지지 않도록
노력하는 일이다.
안에 빛이 있으면
스스로 밖에 빛나는 법이다.

\# 알버트 슈바이처

▌ 파버카스텔 엠비션 EF촉   ▌ 파이롯트 이로시주쿠 수국   ▌ 무명노트 라인

내면이 밝으면 애쓰지 않아도 자연스레 사람들에게 따뜻함과 영감이 전해집니다. 나의 빛으로 주변을 비추는 사람이 되어 보세요.

우리는 젊을 때 배우고,
나이가 들어서 이해한다.

마리 에셴바흐

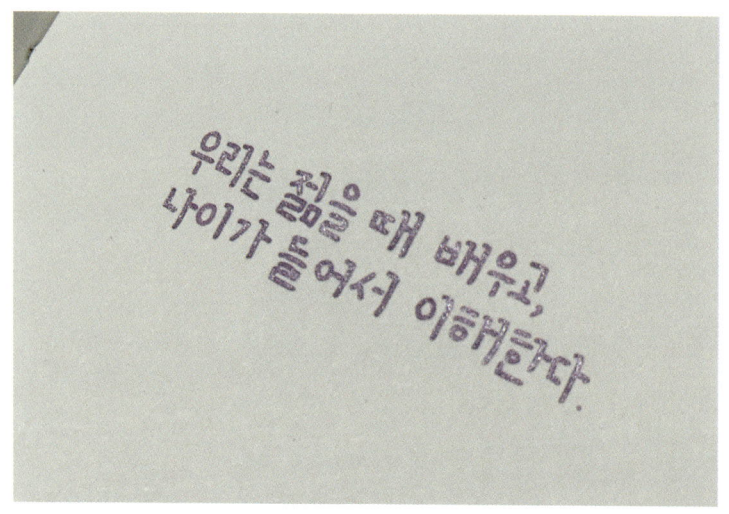

▎파이롯트 이로우츠시 F촉　▎펜브스 맥상초련　▎무인양품 무지 노트

젊어서는 경험을 쌓고, 나이가 들면서는 경험을 지혜로 바꾸게 됩니다. 실수와 시행착오로 얼룩진 날들도 시간이 지나면 성장의 증거가 되어 줄 거예요. 시간의 힘을 믿어 보세요.

느닷없이 떠오른 생각이
가장 귀중한 것이며,
보관해야 할 가치가 있는 것이다.
메모하는 습관을 갖자.

\# 프랜시스 베이컨

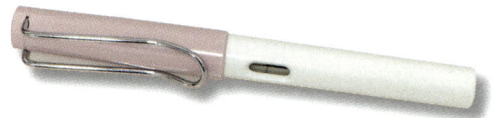

❙ 영웅 359 EF촉　　❙ IWI 겨울 입동　　❙ 무인양품 미니 노트 도트

무의식 속에는 떠올리기 힘든 귀중한 아이디어가 숨어 있을지 몰라요. 메모하는 습관으로 창의력과 성찰하는 힘을 키워 보세요.

여기에 보이는 건
껍데기에 지나지 않아.
가장 중요한 것은
눈에 보이지 않아.

\# 앙투안 드 생텍쥐페리 《어린 왕자》

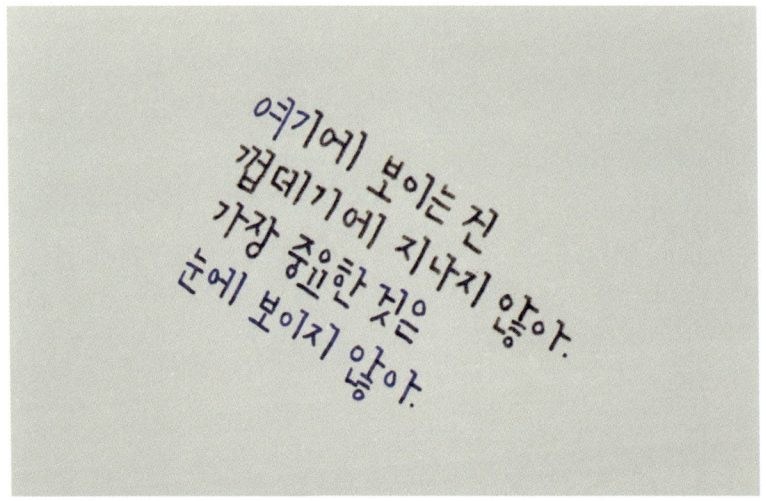

| 홍디안 920s EEF촉　　| 디아민 빌베리　　| 어프로치 노트 무지

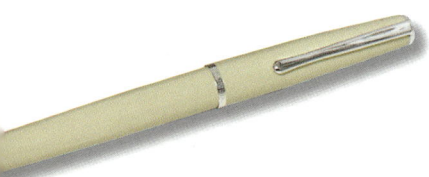

눈에 보이는 것만을 쫓는 세상 속에서, 중요한 것은 마음으로만 볼 수 있다는 메시지가 좋아 《어린 왕자》 책을 자주 다시 읽어 보는데요. 여러분은 반복해서 읽는 인생책이 있나요?

인생의 의미는 스스로 찾는 것이다.
인생을 비극이라고 생각하는 사람에게는 비극이,
희극이라고 생각하는 사람에게는 희극이 된다.
우리는 어차피 태어나고 말았다는
분명한 결과 앞에 서 있으므로
오직 잘 살아야 한다는 것만이 기쁨이며 법칙이다.

윌리엄 사로얀

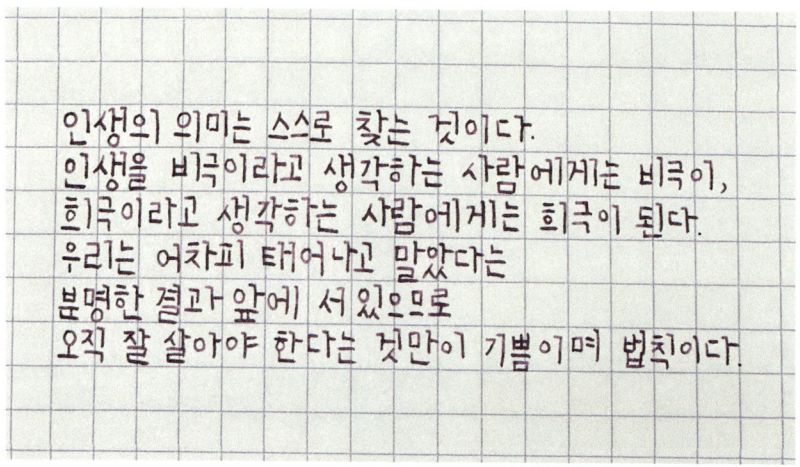

│ 파버카스텔 그립 2010 EF촉   │ 모나미 붉게 물든 포도송이   │ 로디아 메모패드 모눈

태어나는 것은 선택이 아니지만, 어떻게 살아갈지는 우리의 몫입니다. 매일의 선택과 태도가 인생의 색을 결정한다면, 여러분은 어떤 색의 인생을 원하나요?

천천히 삶을 즐겨라.
너무 빨리 달리면 경치만 놓치는 것이 아니다.
어디로 가는지, 왜 가는지도 놓치게 된다.

에디 켄터

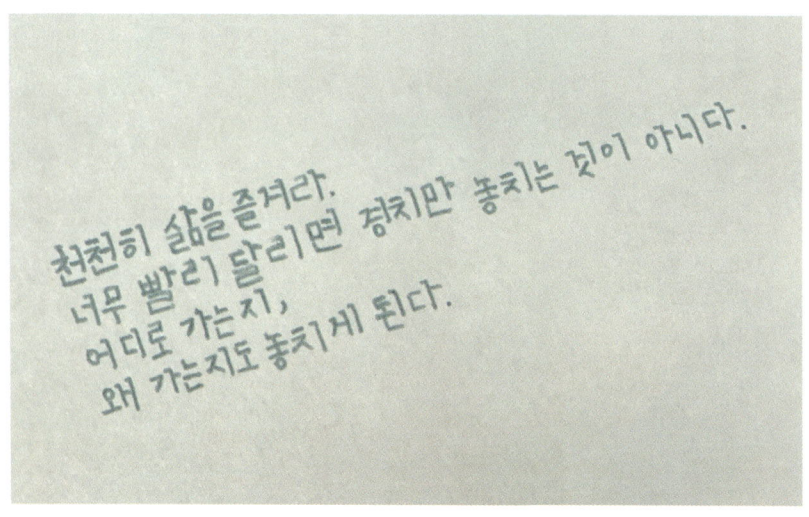

▌ 진하오 82 F촉　　▌ 피에르가르댕 사운드 오브 뮤직 엘가 나이트 블루　　▌ NOTO 매쉬멜로우 105g

필사도 마찬가지입니다. 끝까지 쓰는 것에만 집중하기보다 천천히 따라 쓰며 그 과정을 음미한다면 더 즐거울 거예요.

우리는 자신에게 일어난 사건이 아니라
그 사건에 대한 자신의 해석에 영향을 받는다.

\# 에픽테토스

| 펠리칸 M200 카페크림 EF촉 | 몽블랑 블랙 | 글입다 임프레션 블랭크

펠리칸 카페크림은 원래 스틸 도금닙인데, 14K 금닙으로 교체된 것이 있어 중고거래로 구매했어요. 그래서 제가 아끼는 만년필이랍니다. 원하는 만년필이 있다면 중고 시장에서 한번 찾아보세요.

네 믿음은 네 생각이 된다.
네 생각은 네 말이 된다.
네 말은 네 행동이 된다.
네 행동은 네 습관이 된다.
네 습관은 네 가치가 된다.
네 가치는 네 운명이 된다.

\# 마하트마 간디

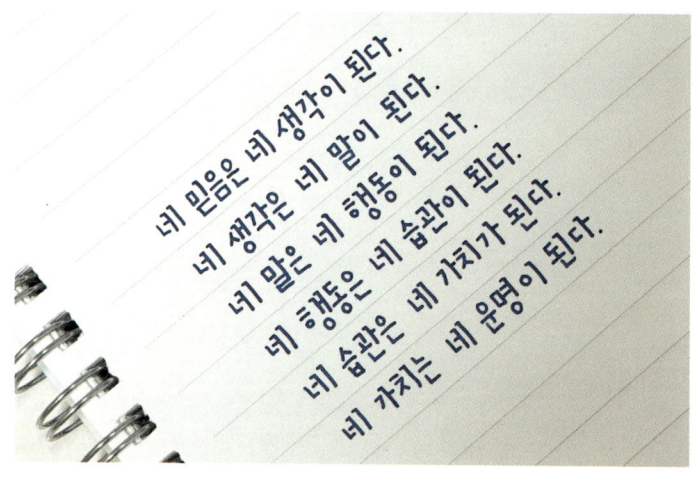

▌ 트위스비 에코 EF촉   ▌ 칼라버스 햄   ▌ 필로그램 8mm 라인

매일 하는 생각과 말, 행동, 습관, 나아가 나의 가치의 토대가 되는 믿음을 잘 가지는 것이 무엇보다 중요하겠죠?

중요한 것은
목표를 이루는 것이 아니라,
그 과정에서 무엇을 배우며
얼마나 성장하느냐이다.

\# 앤드류 매튜스

▌ 글라스 딥펜　▌ 펜브스 의견수복　▌ 필로그램 노트 라인

드디어 우리의 101가지 명언 필사가 마무리 되었습니다. 여러분은 지금까지의 과정에서 무엇을 배우고 얼마나 성장했나요?

Epilogue

필사를 끝낸 당신에게

문장이 단순히 읽는 것이 아니라 '내 것이 되는' 감각은 필사만이 주는 특별한 선물입니다. 필사는 단순한 기록이 아니라 나를 들여다보는 단단한 사색의 과정이니까요. 이 책과 함께 매일 필사하는 순간이 여러분의 마음을 편안하게 만들어 주는 명상의 시간이자 미래의 자신에게 주는 긍정적인 선물이 될 수 있다면 좋겠습니다.

비싸고 구하기 어려운 만년필로 쓰지 않아도, 글씨체가 예쁘지 않아도 괜찮아요. 한 문장, 한 문장을 손끝으로 옮기며 쌓아 올린 노력과 시간은 누구도 쉽게 흉내 낼 수 없으니까요. 바쁜 일상 속에서도 스스로와의 약속을 지키며 필사해 온 지금까지의 여정에 자부심을 느껴도 좋습니다. 지금까지의 필사 경험이 앞으로의 삶을 더욱 풍요롭게 만들어 줄 귀한 자산이 될 거라고 믿어요.